学校給食費無償と教育の未来

食の安全・地域共同・世均しの教育

中村文夫

明石書店

目 次

序　章　学校給食費無償の時代 ………………………………… 5

第1章　学校給食費無償の現在 …………………………………… 13

1　地域が拓いた無償の学校給食費時代　14

2　保護者負担の解消の前史　15

3　無償の学校給食という時代の始まり　33

4　55.9％実施というデータからみる実態と課題　41

5　歴史を先にすすめよう　46

第2章　食の社会化──学校給食の由来、そして未来 ………… 53

1　弁当の時代、そして自主的な学校給食も　54

2　学校給食の定着　63

3　国策としての食の転換　69

4　英国、米国、韓国そしてスペイン　84

第3章　鉛筆1本からの無償 ……………………………………… 95

1　教材費・補助教材費　96

2　完全無償自治体にむけて　106

3　就学援助制度の仕組みと限界　121

第4章　学校を地域のランドマークに …………………… 127

1　寄りあいと世間師　128

2　わたしたちの学校のために
　　── 学校統廃合がすすむ。若者から流出する。21世紀の寄りあいを　137

3　学校を地域のランドマークに　145

4　21世紀　忘れられた教育　155

5　わたしたちの学校の礎を　159

終　章　学校給食費無償からの世均しの教育 ………… 165

【初出一覧】

転載に際しては、構成に合わせて加筆した。本書に載せることに承諾をしていただいたことに感謝する。

序　章　書下ろし
第1章　書下ろし
第2章　書下ろし
第3章　書下ろし
第4章
　　　1　「旅する人　宮本常一」『公教育計画研究　15』公教育計画学会、2024年
　　　2　「わたしたちの学校」『ながさき自治研　No.85』長崎県地方自治研究センター、2022年
　　　3　「学校を地域のランドマークに」『ながさき自治研　NO．89』長崎県地方自治研究センター、2024年
　　　4　書下ろし
　　　5　「21世紀　文科省は国民教育を実施する能力を失っているのではないか」『公教育計画研究　15』公教育計画学会、2024年
終　章　書下ろし

序　章

学校給食費無償の時代

弁当から学校給食へ

　ついに学校給食費無償の時代を迎えた。それは保護者の財布を心配することなく子どもたちは安心して安全な学校給食を皆で楽しく食べることができることを意味する。

　弁当持参であった日本の義務制小中学校等では、今では多くの学校で学校給食を供するようになっている。すると保護者から学校給食費が徴収されるようになった。改善方策として学校給食費を払えない者（保護者）への補助ではなく、学校給食費そのものをなくすという無償化をすすめてきた。戦後、義務教育の無償が日本国憲法で掲げられていた、その理想へ確実に一歩近づいている。その願いは戦後に始まったことではない。いわば願望が急速に実態化する、その要因を考えてみたい。教育福祉は、その性格上から就学援助などの特定の世帯への選別主義ではなく、災害時など特殊な場合を除いて普遍主義からすべての子どもたちに向けての無償が望ましいとの立場に、私は立っている。この視点の浸透により、学校給食費無償の拡がりに弾みがついた。教育活動の一環である以上は、給食に提供されるメニューは教材のひとつである。食材にかかる費用は、教材費と捉えることが可能である。そして、無償化を安全安心の学校給食の実施の礎になるものと考えて、取り組んできたのである。

　近代公教育はその理念では、国民形成の一手段であり、国による無償が一般的であった。日本では国民形成に特化した「国のための教育」が強行され、自生的な「わたしたちの教育」を疎外し、国に寄与することで評価される「私のための教育」、すなわち立身出世主義が蔓延した。しかもそれは自己負担に支えられていた。言ってみれば、自分がのし上がるための勉強だから、自腹でやるのが当たり前、という中間層以上に有利な発想が根強く存在している。明治の「学制」以来の思想がつづいている。敗戦後の憲法第26条2項で義務教育の無償を述べているにもかかわらず、である。それは新自由主義という新たな衣装をまとって現れている。学校給食をはじめ、さまざまに保護者負担を強いている地域は多い。

序　章　学校給食費無償の時代

　世界を眺めれば、学校給食は必ずしも学校教育の一環ではなく、日本でも戦後になって新たに教育活動のひとつとされた特異な領域（特別活動、食育）である。しかも、学校給食法第4章雑則第11条2項において食材等について保護者負担とする、とさえ記されている。給食の内容、給食指導、そして学校給食費も他国と比較して論ずるのは難しい。日本と同様に教育の一環としているのは韓国である。ただし、欧米でも学校での食事について、児童福祉のひとつとして給食無償・補助や食事クーポンなどによる支援を実施してきた国がある。欧米など他国の歴史的な歩みは、貴重な体験であるので参考になる。

　戦中戦後期には、いわば飢餓状態において地域共同の自炊に等しい状態があり、それを「食の社会化」と考えることもできる。今に直接つながる学校給食は戦中の食の在り方からである。その実態についても後ほど考察する。

半数以上の市区町村で無償・一部無償

　戦後、学校教育のひとつとしての学校給食が定着するとともに、学校給食費無償もいくつかの段階を踏んで拡大してきた。国からの指示も財政援助もない中でおこなわれてきた地域ごとの共同の努力によって実現してきた。その成果は、私が主宰する教育行財政研究所の調査によれば2024年11月現在、無償611自治体、多子対策等の一部無償362自治体、合計973自治体、全自治体の55.9％にもなっている。この調査を担っているのは教育行財政研究所武波謙三研究員である。

　この背景として保護者負担に依存する現行の学校給食財政では、食材費のコスト高に対応できずに質そのものの低下を余儀なくされ、食材費を含めた公的な財政による学校給食の実施に転換することでしか維持できないところまで追い込まれている時代状況だともいえる。

　これから手掛けなくてはならない詰めのひとつに普及奨励法の性格を残存している学校給食法の改正である。保護者負担を明記した条文の削除と地産地消の有機農産物の利用促進などを加えることである。食料・農業・農村基本法改正が2024年5月29日におこなわれた。そこでは日本の食料自給率を高めるよ

7

りもアメリカに追従した農産物の輸出入への傾斜がみられる。学校給食の地産地消は自立した農業に与し、食料自給率を高める役割もある。

二つに地方自治を尊重した形での国による財源保障である。半数弱の自治体は財源がないことを理由として公共の事業であるにもかかわらず保護者負担に転嫁したままである。このままでは市区町村が責任をもって実施してきた学校給食事業、それ自体が破綻する事態に陥ることにもなりかねない。そうなれば、弁当持参の時代へ後戻りだ。財源保障の過渡的な形態として、青森県、千葉県、東京都、和歌山県、香川県などでは都県からの財政補助が実施され、その地域での拡大の効果は目を見張るものがある。いよいよ、国による制度・財政の整備の段階に来た。

ポピュリストでなければ、学校給食費がタダになればそれでよいという話で終わりにならない。タダとは保護者の税外負担がなくなったということだけであり、学校給食会計の収入が減少した分はさらに税金等の投入が増えることになる。また、収入だけではなく支出の側面も注目すべきである。これまで、慣行として校長名義等の私口座による私会計で済ましてきた処理は許されない。そこでは後述するように、多くの不正経理が繰り返されてきた事実がある。給食関連業者への給食物品調達に伴う契約から支払までの一連の予算執行での透明性は強く求められている。学校給食費無償の実施は自治体の歳入歳出予算に繰り入れる公会計化を必須とする。

公立学校が自治体を設置者として、すなわち地域共同の事業として100年以上に渡って創立・維持されてきたのは、教育を個別の家族だけのものではなく、学びは皆に還元されるべきもの、つまり教育の社会化の思いが積み重なってきたからである。空腹ではその学びに集中できない。日本では学校教育の一環として存在している。学校給食費の無償を実現するのは、同時に地域で互いに助け合って生きて来た思いを新たにすることでもある。狭い列島には毎年台風がくる、地震はたびたび、日照りや津波もくる、そして疫病も。そんな中では個別の家族だけでは自然災害をしのぎ切れない。さらに戦争などの人間の愚かな振る舞いが加わる。地域で結びあっていかねば明日を迎えることはできない。

序　章　学校給食費無償の時代

日常の用のための学校教育が実施されれば、時代に応じた地域の結びつきが継承されていく。

安全安心の学校給食を目指して

　最も重要な問いは、どんな学校給食を無償化によって実現しようとしているのかということである。学校給食費無償を自己目的化してはならない。一言で言えば、学校給食費無償は、おいしいだけでなく、より徹底した安全安心な学校給食を安定的に実施するためである。たとえば、有機農産物は手間暇がかかる分、それだけ普通の慣行栽培に比べ価格も高めになりがちである。有機農産物が定着するためには、価格差を生産者に直接に給付する農林水産省の「環境保全型農業直接支払交付金」などの拡充は不可欠である。そして地産地消の有機食材を使用し、子どもたちに身近な学校内で調理する自校給食が求められる。しかし、不揃いの材料を調理するには時間もかかる。文部科学省の「学校給食地産物使用促進事業」を本格的に展開することで後押しすることも大切である。このような安全安心の学校給食についてのさまざまな要素について、納税している地域の住民、とくに食事をとる児童生徒とその保護者と設置者である市区町村の首長をはじめ学校給食実施者との間での普段の合意形成は必要不可欠である。そして食材を供給する農水産物業者との、例えば栽培契約などによる安定供給の模索も欠かせない。安全安心の学校給食を実施するための関係者の分厚い積み重ねが、無償化後こそ一層必要となる。

　なぜなら、無償の学校給食が食品メーカー等にとって魅力的な市場を新たに生み出すことにもなるからである。そこでは市場化・産業化による大規模給食工場生産での利益追求の具になる危険性も想定できる。それは今後、避けるべき第一のことである。このことを防ぎ止めるには上述のようなすべての関係者の努力にかかっている。

　かつて、私は高校授業料の無償の取り組みにも参加した。旧民主党政権によって実現したすばらしい制度が自民党・公明党への政権交代によって変質し、いまや私学優先・公立学校統廃合の促進への引き金になってしまっている。常

9

に胸に刻んでいることは、その苦い経験を再び繰り返さないことである。

　親身な教育の実現は教職員がすべての児童生徒の顔を覚えられるような地域の小さな公立学校でこそ望めるのと同じように、安全安心な学校給食も子どもたちの顔を想い浮かべながら調理できる小さな学校給食調理場でこそ可能である。それは子どもたちもつくる人の姿が見えるということでもある。子どもたちは、食事をともにする喜びだけでなく、そこでの会話から互いのくらしの体験にねざした学びが得られる。家族での「食饗（ヲシアヘ）」からオシエルという言葉が生まれたと説く研究者もいるくらいである[1]。

義務教育すべての無償へも拡げる

　発展的な課題にも踏み出したい。学校給食費という一つの課題は、構造的な全体の一部であり、全体の転換に迫るアプローチの中で戦術・戦略を定めなくては、一つの解決が大きな別の危機を呼び起こしかねない。

　学校給食費無償から始まる公教育、とくに義務教育の無償にあっては、どのような教材（主たる教材である教科書、補助的に使用する教材教具）を使用し、そしてこれらの礎の上に築かれる学校教育の在り方が重要である。新自由主義的な競争原理に基づく教育ではなく、地域の実情を踏まえ、共に生きるための日常の用を学ぶ、実学の推進の仕組みの中に公教育無償を位置付けたい。明治以来、令和の個別最適化した学びの効率化にまでつづく「立身出世」思想におおわれている教育を財政面から照らし出し、共和の感情・意識を重んじるわたしたちの教育をとりもどしていく試みが必要だ。自分のみが階層間移動を成し遂げ、のし上がるためだけの新自由主義的な人生に加担するものではない。

　実は破綻するのは学校給食事業だけとは限らない。津々浦々に先人たちがわたしたちの教育のためにつくりだしてきた、その義務教育の諸学校が学校統廃合により消滅させられ、無医村ならぬ無学校地帯が拡がり、そこに広域通信制学校が入り込もうとしているのである。それでは楽しいことも苦しいことも分かち合って育つ機会、つまり人間のもつリアルな相互性が軽視され、効率的な資格取得の制度に特化してしまう。わたしたちの学校を将来にわたって残して

いくことは、今を生きる人たちの責務ではないか、と考えている。もちろん郵送等による通信制教育が果たしてきた歴史的な意義を知らないわけではない[2]。だが、今日のような新自由主義的な展開を改善であると評価できるものではない。

　首都圏と山間僻地との格差、また地域内階層格差も拡大し、国際的な人の流動化も加速している。それはまず教育格差として現れる。21世紀においての教育機会の平等の推進には、住む地域や保護者の資産・地位の有無などで、実質複線化している公教育の進路が規定されてはならないとの意図が込められている。教育機会の平等は「世均し」の、つまり世の中をならす一つの側面である。格差解消、再平等化の試みである。その具体的な一歩が学校給食費無償である。これから大切になってくるのは、在地の、いわば日々どのように暮らしているのかがわかる足元が見えるところで、議論と行動を深める地域の民主主義である。その一つとしての教育からはじめる世均しである。

　全国のどこの学校でも学校給食が無償になる時代がもうそこにある。現状の構造的な把握だけではなく、もう一段の理論的な整備を試み、発展的な課題を展望することが大切であると考えている。

　学校給食費の無償化について、立憲民主党、日本維新の会、国民民主党の3野党は学校給食法改正案を衆院に共同提出した（2024年12月23日）。誰でもが適用される普遍主義の教育福祉政策である。学校給食も、これで保護者負担そのものがなくなる。

　文科省は格差是正にならないと論旨をすり替え、選別主義（安上がりの）福祉政策にこだわり、給食費有償を維持しようとしている（2024年12月27日、文部科学省「「給食無償化」に関する課題の整理について」）。

　負担そのものがなくなれば格差是正は必要がない。義務教育では授業料はない。したがって誰でも地域の学校には格差なく行ける。それと同じく教育活動の一つである学校給食も無償化で実施すべきだ。シンプルな道理である。

注

1 『日本子ども史』森山・中江、平凡社、2002年
2 「第5章 教育の社会的機能と社会移動」『増補版民衆の教育体験』大門正克、岩波書店、2019年

第1章

学校給食費無償の現在

1 地域が拓いた無償の学校給食費時代

食の社会化

　昼食は子どもたちが持参した弁当である時代が長かった。弁当を持ってくることができない貧困家庭の子どもたちも少なくはなかった。学校給食が一般的になったのは敗戦後のことであった。振り返れば、戦後占領下の学校給食には、米国産の余剰農作物が有償無償で供給されて、食の社会化のひとつとして広げることができた。そして、いま保護者負担があり、いわば有償で実施されてきた学校給食が無償になる段階を迎えている。

　2020年代は学校給食費無償、ひいては言葉本来の無償の学校への扉を開き、記憶される時代となった。わたしたちはその真っただ中にいる。学校給食費（食材等）の無償化が、地域からの地道な取り組みによって、一気に広がった。2024年11月には全国1741自治体（東京23区も含む）の半数以上で、学校給食費の無償・一部無償が実施されるまでに拡大した。ついに普遍性を帯びるに至った。

　義務制公立小中学校の設置者は多くの場合、市区町村であり、学校給食を含め学校教育は自治体が管理・運営する。先に述べたように、その根底には地域の子どもたちはわたしたちの子どもたちであるという気持ちがある。この気持ちは日本だけにあるのではなく人間として共同生活をおこなってきた社会の過程で育まれてきたものであろう。その根本のことが忘れられた教育となってしまった。いま再びアメリカ、日本をはじめ格差が拡大する社会の中で、地域で助け合って生きるということが再評価されている[1]。子どもたちへの公教育は、塾や習い事と違って公の事業であるが、実施する場合のあり方は自治体が財源確保の上に国の基準に基づきながら任意の判断でおこなっている。それぞれの地域の自主性を尊重しつつ、学校給食費無償だけではなく補助教材費や修学旅行等の経費も無償にした学校が全国に広がってきている。

　地域の学校は日常の用に役立つ学びを、世代を超えて継承するために存在し

第1章 学校給食無償の現在

てきた。すでにそのことは述べた。ともに食べることは重要な要素である。学校給食も地域の共同の事業としてある。地方公務員として勤める担任教員、学校給食調理員、学校栄養職員・栄養教諭、経理を担当する学校事務職員、教育委員会職員などだけではない。近隣の農・畜産、漁業従事者・水産加工業者などたくさんの地域とのかかわりによって成り立ってきた。学校給食は地場産物が多く使われてきた。自校給食として子どもたちの学ぶ学校の一角で調理されてきたのである。しかしそれは1985年頃から疎外された[2]。これらの経緯と評価とは第2章「食の社会化」で述べる。

　ここでは、学校給食費無償の現在を明らかにするために、構造的な欠陥をもつ学校給食費の取り扱いの課題からはじめ、学校給食費無償さらに公教育全体の無償化にまで言及したい。

2　保護者負担の解消の前史

学校給食法の欠陥

　戦後の食料難の時、子どもの空腹を満たしたいと保護者・地域主導で広がった学校給食を後付けで普及奨励を目的に国が法制化したのが学校給食法（1954年）である。B29による無差別の空爆、焼夷弾投下による焼け跡が広がる戦後復興の過程で、母子家庭や孤児が生じ困窮した家庭は多く、青空教室と黒塗りの教科書からはじまった学校教育。そこではのちに触れるように教員が保護者の給与日に合わせて現金集金をする状況もあったのである。その経緯は学校給食法の条文に色濃く残っている。第4条に「義務教育諸学校の設置者は、当該義務教育諸学校において学校給食が実施されるように努めなければならない」とあり、普及奨励の文面であり、実施は自治体ごとの任意の判断によっている。「令和3年度学校給食実施状況等調査」（文部科学省）でも中学校で完全給食を実施している自治体は89.1％に止まっている。したがって、実施状況を高めるには、第4条「学校給食が実施されるように努めなければならない」を改正することが必須だろう。また、財政負担についても、学校給食法に以下のように

15

規定されている。

> 「第11条　学校給食の実施に必要な施設及び設備に要する経費並びに学校給
> 食の運営に要する経費のうち政令で定めるものは、義務教育諸学校の設置者の
> 負担とする。2　前項に規定する経費以外の学校給食に要する経費（以下「学校
> 給食費」という。）は、学校給食を受ける児童又は生徒の学校教育法第16条に規
> 定する保護者の負担とする」。

　設置者である自治体が経費を負担することを原則としつつ、第2項で保護者
負担が記されている。これが学校徴収金を公然と集めることができた理由であ
る。これを前提とした集金方法や就学援助の改善という隘路に多くの運動や研
究が陥っていた。大事なのは学校徴収金それ自体をなくすことであったにもか
かわらず、である。

　2005年に食育基本法、翌年に食育推進基本計画が制定され、2009年に学校
給食法は食育を加えて大改正された。この大改正にあっても保護者負担は削除
されず、戦後直後に保護者等が自腹を切って先行実施した慣行の影響がつづく
のである。保護者負担を前提にしない法の枠組みへの改正が必要だ。

炭鉱不況の頃

　旧文部省・文部科学省が発行してきた『教育委員会月報』には、1960年頃、
学校給食費が払えない家庭と対処する教員たちの涙ぐましい実態が描かれてい
る[3]。長くなるがぜひ読んでほしい。

　「最近の炭鉱不況を契機として、炭鉱地帯の学校給食費の未納問題がクロー
ズ・アップされたが、この問題は、ひとり、炭鉱不況地帯に限らず、その程度
の差こそあれ、広く一般的に学校給食実施校の悩みの種となっている」、と語
り始めている。

　炭鉱不況は、エネルギー政策の転換を急激におこなったことから来ている。
経済界の意図を汲み取った政治によって引き起こされた悲劇であった。炭鉱の

様子は、後でみる土門拳の『筑豊のこどもたち』[4]からわかるように、困窮は人々が働かないからではなく、つくられた人為的な地獄としてあるのである。

　「東京、大阪、神戸等いわゆる八大都市の資料から推測すると、全給食実施人員の約2.3パーセントが給食費を払わない人員であるといわれている」。
　「給食費の完全徴収のため、担任教師は、クラスに属する家庭の収入日を知悉してその翌日に収納するようはからったり、貯蓄を奨励して、口座振替の方法で成果をあげていることが報告されている。また、単に督促するだけでは、殆んど、実効がないので、造花、刺しゅう、ミシン等の手内職をあっせんしたり、養鶏、養兎、カナリヤ等の動物飼育を勧めたり、ところによっては、農作物であれ、手工品であれ、およそ、有価物であれば、これを職員が買取って、給食費を納入させている事例もあった。学校の修繕、その他の補修工事を、未納者父兄に優先的に割り当て、その労賃を給食費に当てさせる事例があるし、また、助け合い運動と称して、映画会、バザー等を開催してその売上げで赤字補てんをおこなっている学校もある」。

と語られている。学校給食費を集めるために、あらゆる手段を駆使した様子が旧文部省の官僚によって描かれている。教員も含めて身近な人々の「おせっかい」や助け合いがここにみられる。ここから当時、就学援助制度も求められたのである。
　地震、疫病と物価高で喘ぐ21世紀の現実は、以前と少しも変わらず庶民は悲惨である。生活保護・準要保護制度が実施されている。しかし、その有効性は限界があった。打開策としては学校給食費無償しかない。

重い学校徴収金の負担
　子どもの貧困が7人に1人と貧富の格差の激しい日本にさせられてしまっている。その7人に1人が貧困とは、ある基準で線引きされた結果でしかない。もっと多くの子育て世代の家庭が苦しんでいることに思い及ぶことが大切であ

図表1-1　公立小学校保護者負担2021年度

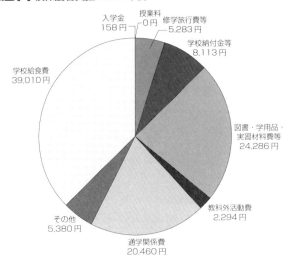

る。格差拡大をその根元から断ち切ることが必要である。教育機会の平等を実質化していくことが忘れてはならない基本である。

　学校徴収金は子育て世代には過重な負担である。学校徴収金の中でも学校給食費は占める割合が高い。小学校では学校に納付する金額の4割近くを占める。文部科学省が調査した「令和3年度子供の学習費調査」によれば小学校では保護者が学校に通うために負担する金額は、年平均10万4984円である。このうち学校給食費は3万9010円である。図表1-1円グラフ「公立小学校保護者負担2021年度」はそれを図に加工したものである。なお「令和5年度　子供の学習費調査」では、年平均12万158円と負担増はとまらない。子どもの学習費はこの学校内経費以外にも学習塾や習い事などの学校外活動費もあり、また、幼稚園、小学校、中学校、高等学校でかかる費用は相違する。この学校外活動費は市場化原理がより大きく働き、データによれば学校内経費より高額の保護者負担となっている。また公立なのか私立に通わせているかによっても相違するし、保護者の年収によっても、特に学校外経費は大幅に相違する。この点については3章「鉛筆1本からの無償」で分析し、他の国とも比較して検討をすること

にしたい。

　保護者負担があることは教育後進国である証であると私は考えている。憲法第26条第2項「義務教育は、これを無償とする」は限定的に解釈され、学校給食だけではなく補助教材（主たる教材である教科書は国庫負担により無償とされている）や修学旅行など学校での教育活動に保護者負担が当然視されてきた。無償の義務教育という戦後の教育理念は教職員の人件費や校舎等の学校施設環境の公的負担という一部に限られている。なんと屁理屈を並べようと憲法に書かれたことが、今日まで宿題として残されているのが真実である。さらに複雑にしていることは、新自由主義的な考え方が自分だけよければそれでよいという教育を極端にまですすめ、公教育であるにもかかわらず、この状況を固定、助長させていることである。

　日本では義務教育段階の学校給食は、教育活動（特別活動）として実施されるという特異性をもっている。つまり食材は調理されて、教材として提供されているのである。学校給食費の未納は、まちの食堂での「食い逃げ」とは性格が異なる。しかも貧困化が広がるなかで保護者負担に依存する学校給食の事業継続も困難になっている。学校給食自体の戦後の経緯は2章で扱う。ここでは無償化につながることを中心に考えてみたい。

滞納する家庭が悪いのか

　一時期、給食費滞納をめぐるマスコミキャンペーンが世間をにぎわしたことがある。2006年に読売新聞は一面で、調査の結果を、「給食費滞納18億円」（11月27日）と報じた。滞納状況の内訳では、北海道、沖縄県が2億円超え、千葉県が1億6000万円、東京都が1億3000万円弱、そして困窮家庭増や拒否が目立つと分析し、督促・差し押さえが広がると記している。埼玉県内では「少なくとも61市町村で総額8600万円を超す」、と記されていた。

　給食費未納が多いと献立の質が低下するなどとして、入学時に支払い確認書を提出させるなど支払わぬ家庭が悪いとの視点からの徴収強化が各自治体で図られた。たとえば2006年3月、山梨県笛吹市立石和中学校や石和南小学校では、

給食費を2ヶ月滞納した場合は停止に同意するように求める文書を保護者あてに配布。県教育委員会は「文書の中に、すべての児童に提供するという給食の趣旨からみて不適当な部分がある」と指摘している[5]。この不適切とされたのは、「学校給食実施基準」第1条の「これを実施する学校においては、当該学校に在学するすべての児童又は生徒に対して実施されるものとする」を指しているものと考えられる。埼玉新聞は2008年12月2日付記事で、さいたま市議会での教育長答弁で「給食費未納は校長立て替えで」と語ったと報じた。答弁に対して担当である健康教育課は「好ましくない」と否定している。制度の趣旨への無理解と対処への混乱がみられるのである。

　担任の多くは給食費未納の通知を子どもに渡すときも、周りの子どもに気づかれないようにとの配慮をしてきたと考えられる。他方では、未納家庭を悪者にして事態の収拾を図る姿勢も広がっていた。それでは根本的な解決にはならなかった。1960年代の悪戦苦闘する教員との違いは歴然としている。なお、現在民法の2020年改正により滞納の債権時効期間は5年である。

忘れられていた公会計という視点

　学校給食、そして学校給食費のあり方について、混乱する対応がつづく中で、根本的にとらえる機会として私は考え、多くの教育委員会、学校で読まれていた『週刊教育資料』（2010年12月27日号）に「学校給食費の公会計化」を4本の柱を立てて掲載した。論点は、学校給食は食育の一環として位置づけられている。生活困窮世帯の児童生徒に対する食の確保の視点から無償の学校給食が望ましい、である。

　公的事業としておこなっている学校給食は、その費用の一切は公的予算で実施するものである。それは食材費等として保護者が負担してきた税外収入も、最低限の約束事として、自治体の歳入に繰り入れて、自治体の諸規定に沿って歳出されなくてはならない。もっとも大切な視点は、地方自治法第210条の総計予算主義に規定されている。第210条とは、

第1章　学校給食無償の現在

　「一会計年度における一切の収入及び支出は、すべてこれを歳入歳出予算に編入しなければならない」。

　全て歳入歳出予算に編入しなければならないことは、公務員であれば知っていなくてはならない大原則であり、会計処理をする上でのすべての前提である。しかし、旧文部省・文部科学省も、そして教育委員会や学校も長らくこの原則を知らなかったか無視してきたためか、違法状態がつづいてきたのである。その結果が子どもに給食を食べさせないという、ある教育委員会の判断を誘発したのである。その罪は深い。

　政令指定都市など都市部では公会計化に向けた動きが先行した。2009年福岡市、2012年横浜市で実施している。その横浜市で学校給食を実施しているのは当時、小学校のみであった。それでも未納金額は年約3000万円（未納者率0.75％）にもなっていた。公会計化に伴う検討課題は1、徴収管理　2、学校現場等の業務負担　3、会計処理方法　4、給食物資の調達　5、条例・規則の整備である。2010年「横浜市学校給食費の管理に関する条例」第4条により市長が債権者であることが明記された。保護者メリットは会計の透明性、保護者指定の金融機関からの引き落としに転換したことである。学校のメリットは給食費徴収管理がなくなる。システム管理による事務負担の軽減により教育時間の確保ができることが条例の提案理由として挙げられた。歳出は学校給食費として市から令達された経費により公務として成り立つことになった。給食物資の調達において、未納額による財政不足の心配を学校がする必要がなくなった点は大きい。先行した政令指定都市でも、すべての自治体ですぐに実現したのではなく、たとえばさいたま市はようやく2024年に学校給食費の公会計化を実施している。さらに、たびたび外部監査によって公会計化実施を促されていた名古屋市でも市長が代わり、2027年4月実施にかじを切った。

　なお、自治体の債権は二つに分かれる。行政処分により発生し相手の同意を要しない公法上の債権の一つであり、それは強制徴収公債権（市税、国民健康保険、保育所保育料など）と非強制徴収公債権（放課後児童育成料など）がある。

21

もう一つは契約等、相手の同意により発生する私法上の債権がある。この私法上の債権である学校給食費などが私会計である場合には、公営住宅使用料などと同じ公会計処理が望まれたのである。しかし、公会計化の追求は学校給食法に「保護者負担」の条文があることから、成立したのである。補助教材費等の学校徴収金については、税外負担そのものを認める法令は存在しない。したがって公会計化を求めること自体に理論的な矛盾があり、公会計化を実現しようとすること自体が奇手といわねばならない。すべきことは、税外負担である保護者からの徴収をやめ、無償にすることだけである。

学校給食費は受益者負担ではない

学校給食費は受益者負担だという論調があることに対して、2012年に第34回兵庫自治研集会での論文で次のような提言を私はおこなった[6]。1つに文部科学省が2006年から断続的に実施している「学校給食費の徴収状況に関する調査」は徴収される保護者ではなく、徴収する学校側へのアンケートという偏りがあった。そこでは「保護者としての責任感や規範意識」が53.2%、「保護者の経済的な問題」の43.5%を上回っている。親のモラルに還元する学校給食費未納のとらえ方は、真の解決にいたらない。その結果、「学校給食費は保護者が支払わないために、その子供に給食を食べさせないという現実が日本の学校に存在している。もちろん極一部ではあるが」。そして私は「このような排除につながる方策は正しい判断なのであろうか。子どもの心に一生忘れない恥辱の刻印が押されたのである」、と批判した。

2つに食材にかかる部分については保護者の「受益者」負担とするとの拡大解釈が広がっていた。受益者負担は、地方自治法第224条に基づく。例えばそれは、土地開発などに要した費用への負担ではなく、その結果得られた具体的な受益についての負担である。

1961年の国会答弁で、税外負担軽減の課題に関連した質問に、当時の松島五郎自治省財務局財務課長は、

第1章　学校給食無償の現在

　　「受益者負担という場合には、一定の地方公共団体が行います施設と、施設に
　　よって利益を受ける者との間に相当に明確な因果関係がある程度認識される場
　　合、その利益を限度として徴収するという場合を言っているのではないかとい
　　うふうに私ども考えています。しかしながら、子供が学校へ行ければその子供
　　に関する限り利益があるじゃないかというような論議になりますと、なかなか
　　この間を明確にいたすことは困難でございます」。

と、受益者負担概念を適用することの困難性を明らかにしていた。このように
受益者負担の解釈は限定すべきである。

旧文部省の誤りを引きずる

　3つに戦後間もなくの旧文部省が相次いで行政実例をだした、その考え方を
長く改めなかった責任の問題である。たとえば、学校給食費の取り扱いを方向
づけた旧文部省管理局回答「学校給食費の徴収、管理上の疑義について」（昭
和32年12月18日、委管長77、福岡県教育委員会教育長あて）である。福岡県監査
委員よりの「学校給食法が普及奨励法であっても、地方自治法第210条の総計
予算主義に沿って歳入歳出予算に計上すべき」、との正しい勧告を受けた。勧
告に対して県教育委員会は、旧文部省に勧告への対処方策の「御教示」を求め
た。県監査委員の高い見識が示されたのに対して旧文部省は「学校給食は、教
科書代と同様の性格をもつものと解される。したがって、この経費を徴収する
ことは、義務教育無償の原則に反しない」、との地方自治法から逸脱した回答
をした。当時、教科書は無償ではなく、保護者が購入していたのである。なお、
主たる教材である教科書は各地で盛り上がった無償化の運動の結果、現在の教
科書無償が実現している[7]。教科書が各地の盛り上がりで無償にできたのであ
れば、無償化を求める行動によって学校給食、補助教材、修学旅行を無償にで
きないことがあるだろうか。「なお、保護者の負担する学校給食費を歳入とす
る必要はないと解する」、「校長が学校給食費を取り集め、これを管理すること
は、さしつかえない」、と教示したのである。私会計が旧文部省によって容認

23

されたのである。

　1960年に地方自治法第235条の4による雑務金の整備がおこなわれた際に、学校給食費の取り扱いも歳入歳出処理、すなわち公会計化に切り替えるべきであったのである。この切り替える機会を逃した所管官庁の姿勢は問われなくてはならない。こうして長く校長の民法上の一存会計として処理されてきたのである。私会計として放置した判断は、その後の学校や教育委員会での学校給食費の間違った取扱い、ひいては混乱の果ての学校給食を子どもに提供をしなくてもよいとの意識を導いてきたのである。新たな時代での対処を戦後直後のものさしで図れば禍根を残す。

　このように保護者のモラルの問題ではなく、学校給食の実施、学校給食費をめぐる構造的な欠陥の問題であることが、改善を求める取り組みの中で明らかになってきた。公会計化の導入は、それによる次のステップとしての無償を決定づけたのである。

給食費未納者には学校給食を提供しなくてよいのか

　2010年頃から学校給食費の未納問題でマスコミが集中的に報じ、未納に悩んでいた地方教育委員会や学校では、さまざまな対処をとらざるをえなくなった。埼玉県北本市の教育委員会は2015年に未納なら学校給食を提供しない、弁当を持参するようにと、校長を介して就学援助を受給していない保護者43名に通知したのである。この問題を子どもの貧困と食生活格差の視点から「給食費未納」に迫ったのは鳫咲子であった。光文社新書として2016年にだされた『給食費未納』の「はじめに」には、ある新聞社の取材に対してだしたコメントが載っている。

　　「生活保護や就学援助を申請していないからと言って「支払い能力がある」と
　　考えるのは短絡的だ。援助を申請できない事情を抱える保護者もいる。滞納を
　　続ける家庭は子どもが育つ環境として何らかのリスクがある可能性がある。学
　　校や行政は懲罰的な対応ではなく、滞納を福祉による支援が必要なシグナルと

とらえる必要がある」(朝日新聞2015年7月4日)。

という福祉に繋げようとする問題提起をした。そして、未納をシグナルとして受けとめ、2012年に成立した子どもの貧困対策法を生かして、子どもの食のセーフティネットに結びつけていくことの大切さを語っている。そして、韓国のように学校給食費無償化が望ましいと結論している。

　いわば、どんぶりである個別の学校のみで収支決算をしなければならない私費に依存したこれまでの学校給食、それを維持するためには、鳫咲子の言うところの懲罰的な対応を余儀なくされてきたのである。地域として学校給食事業を実施している以上、自治体全体の予算として執行し、その一部に保護者からの税外収入を含むとするのであれば、対処の仕方がちがってくるのである。また、学校給食費を私会計で処理していると、保護者の未納対策としての法的な措置をおこなう場合に、行政としての財政支出も含めた措置に困難(私金のトラブル解決のために裁判費用等の公的支出には合理性が欠ける)が生じるとの認識が生じた。このことは、食材調達での業者との契約や履行での不都合(契約したにもかかわらず農水産物が期限までに納品されず、あるいは途中で価格上昇した場合など)の対処の課題とともに、公会計への転換に向けて自治体の担当者の背中を押すことにもなった。

　学校給食を食べさせないなどという懲罰ではなく、未納への法的措置をもって対処するためにも、ひいては福祉に繋げる連携を取るためにも、その税外負担を合法的な取り扱いで処理(公会計)している必要があるということである。校長の財布の出入りのトラブルを、例えば弁護士費用を役所の金で払うわけにはいかない、という理屈が成り立つ。

学校徴収金は広義の授業料

　しかし、公会計化すると、担任教員や地域の保護者仲間からのプレッシャーがかかりにくいことから、未納がかえって増加する事態も多数生じた。例えば、広島市では2022年度に公会計制度を導入したところ、学校給食未納が前年度の32倍に急増した(中国放送、2023年10月20日)。これは特殊な事例ではなく、

これほど極端ではなくても納付方法が変更した折にはよく見かける事態である。変更時期だけではなく、公会計化に伴う一般的な傾向でもある。学校給食費の公会計化はしかし、税金等の他の公的な納付種目に比べれば、とくに収納率が低いわけではないと推察できる。いわば同じになっただけのことである。従前の高収納率が、江戸時代の五人組による監視体制のようなPTA役員による集金の関与や担任教員からの有言無言の圧力を効かせた結果だろう。これは官製のパワーハラスメントを常用する異常状態であったのだ。そしてこれをつづけている市町村もまだ存在している。

　しかし、公会計化が未納問題そのものには十分有効ではないことは、みてきたとおりである。改めて、学校徴収金の性格を定義すれば、広義の授業料である。これに対して国（要保護世帯）及び自治体（準要保護世帯）は一定の基準を設けて就学援助金を交付して繕ってきた[8]。自治体の準要保護の認定基準はそれぞれ独自であり、そのため市区町村ごとに認定・給付に格差が生じている。この詳しい実態はあらためて検討する。

　たしかに自治体ごとの認定や給付に関する就学援助の改善も大事であり、私も東京都や埼玉県の具体的な事例をだして細部にわたる提案をしてきた[9]。だが、特定の経済的状態にある家庭を単位とする就学援助制度の根本的な問題は、一言で言えばその選別主義の限界にある。選別主義福祉政策は「劣等処遇」という属性を持っている。教育にあっては劣等処遇を原則とする選別主義ではなく、普遍主義からの福祉政策が適切である[10]。税外負担そのものをなくすこと、つまり無償の学校給食自体を実現することに注力すべきと私は考えてきた。

どんぶり勘定から公会計に

　私会計である学校給食会計の矛盾を俎上にのせて公会計を実現し、それをステップにして学校給食費の無償化を実現する運動をすすめてきた。保護者が負担させられた学校徴収金は、自治体会計に繰り入れられることなく、学校長名義等の私口座（たとえ校長○○の名義であっても、地方自治法上では公金ではない）に集められ、地方公務員である学校の教職員（場合によっては教育委員会職

第1章　学校給食無償の現在

員も）が集金、管理、支出（食材業者等への契約・支払）という地方自治法第210条（総計予算主義）、地方自治法第235条の4（現金保管）に違反した行為を漫然とおこなってきた。いわば公的な事業であるはずの地域の学校の隙間に根深く定着したどんぶり勘定の不明瞭なお金である[11]。そのために業者との癒着や不正経理が頻発した。また学校規模ごとの小さな財布では未納が一人であってもその影響も大きく、そのため未納家庭の子どもに給食を止めるなどの脅しを伴った徴収をおこなう実態もあった。

　さらにコロナ禍、ロシアによるウクライナ侵攻により流通が止まり、食材の提供が滞り、アベノミクス以来の異次元の経済政策による食材の高騰は限度を超え、学校給食自体の存続が危ぶまれる事態も生じた。電話1本の取引など業者との正式の書面契約がないことなど従来の商慣習も原因のひとつであった。公会計化に改善することで自治体としての正規の財務取扱が実現し、議会の承認も得る財政民主主義が可能となる。学校給食のもち方や学校給食費の算定の合理性などデータに基づいて自治体全体の課題として公明に議論でき、財政負担についても住民の福祉のあり方から無償化への道も拓くことが期待できる。

公会計化の声が各方面からあがる

　旧文部省が行政実例[12]で私会計を認めた1957年以来の根深い悪弊を除去するために、私は地方自治法第210条に基づく学校給食費の公会計化という法令遵守を呼びかけ、自治体からの取り組みをすすめた。群馬県教委は2007年3月に県下各自治体へ公会計化を要請する通知をだした。「学校給食費の公会計化処理への移行について（通知）」を発出した[13]。

　　「学校給食に係る事務の透明性の向上、保護者の負担の公平性の確保等、学校給食を取り巻く諸課題に迅速かつ適切に対応するため、学校給食については、地方自治法（昭和22年法律第67号）第210条に規定される総計予算主義の原則に則り、公会計により適切に処理されますようにお願いいたします。ついては、学校給食費を私会計で処理している市町村におかれましては、平成20年

度を目途に、公会計による処理に移行されますように重ねてお願いいたします」。

　群馬県教育委員会の上記の通知は全国に先行した動きであり、それも移行期限も定めた厳しい文面である。

　また、日本弁護士会も2009年度のシンポジウムにおいて、速やかな公会計化を提唱している[14]。

　当時、私は埼玉県の学校事務職員として勤務していた。身分は地方公務員である。その現役当時に所属していた全日本自治団体労働組合は文部科学大臣あてに交渉要請書をだしていた。たとえば2011年度政府予算編成に関する要請書を2010年11月8日付で提出している。そこには公教育の無償化を求める中で、「義務教育の実質無償化を実現するため、保護者負担金の実態を把握し、その縮減に必要な財源措置や制度改革を行うこと」、「高校の実質無償化を実現するための、一層の改善を行うこと。また、朝鮮高級学校についても就学支援金の支給対象とすること」なども含まれていた。具体的に「学校における経理事故の防止と適正化をはかるため、地方自治法等の関連諸法規を遵守した会計処理がなされるよう、必要な措置をおこなうこと。とくに学校給食費の公会計処理への移行については、旧文部省時代の行政実例によって各自治体が判断をおこなっており、関係省庁とも調整の上、早急な改善を行うこと」を項目にあげて要請した。このような職員団体は他にはなかったと思われる。

　「学校寄付金の「公課」化を求める」と私が訴えたのは2012年5月の日本教育新聞（5月28日付）でのことであった。当時、PTAから高校教員の出張補助が大々的に報じられていた時期であった。「保護者の教育費負担にはさまざまなスタイルがある、基本は税金による負担。例えば、高校授業料などは「公課」に当たる。負担の一つ「学校徴収金」は私費であり、例えば、補助教材費や給食費などがある。PTA会費もこの中に分類され、これはPTA活動そのものに使われる経費と、学校援助金などの名目で使われるものに大別できる。物品などは役所などに「寄付採納」として処理すれば適正だが、今問題になっているのは会費を「校内処理」しているという全体の構図をおさえたうえで、

「学校徴収金の公金化を前提に新たな公私負担区分を設定する」必要性を提案した。

　千葉県船橋市は2015年4月から学校給食費の公会計化をはじめた。小中特別支援学校83か所、児童生徒数4万8440人と教職員約2800人に対して全校自校給食を実施している大規模な自治体・中核市である。教育委員会は人員増を図り毎月2万枚以上の伝票を処理し、債権管理条例もあり、1年以上の未納者に関しては債権管理課で対処するシステムでの対応をはじめたのであった[15]。

　『学校給食』という学校給食の専門誌が「「給食費」は、今」を特集したのは2016年のことである（2016 Jun.）。消費税率の引き上げや物価高騰を受け、「給食費のやりくりが大変だ！」という声が多く聞かれたことから、栄養教諭・学校栄養職員へのアンケートをしたのである。私会計では保護者への説明や督促を学校側が請け負うことになります。そして「未納が多過ぎて、校長室に呼ばれ、「栄養価はいいから、最後まで給食を出してくれ」と頼まれた」、との回答さえあった。

文部科学省は重い腰を上げた

　2016年6月13日、文部科学省は「次世代の学校指導体制にふさわしい教職員の在り方と業務改善のためのタスクフォース」による報告書「学校現場における業務の適正化に向けて」をだした。しかし、その報告書のねらいは教育行政での適正な予算システムを目指すことではなく、教員の働き方改革の一環であった。

　その報告書は、「教員の担うべき業務に専念できる環境を確保する」として4つの柱から成り立っていた。報告書のうち関連しているものは、学校徴収金会計である。

　「教員の負担軽減等の観点から、学校給食費等の学校徴収金会計業務を、学校の教員ではなく、学校を設置する自治体が自らの業務としておこなうための環境整備推進」が打ち出された。そして、学校給食を公会計化し、徴収・管理等の業務を教育委員会や首長部局に移した自治体においては一般会計に組み入

れられ透明性が図られるとともに、教員の時間的精神的な負担軽減につなげられるとした。先の船橋市のように、すでに三分の一程度の自治体は公会計化をしている状況を、それを後からなぞった形であった。しかし、報告書に沿った文部科学省の動きはおそかった。

そこで、2017年4月、参議院総務委員会で杉尾秀哉議員（民進党）は質問をおこない、総務省は「学校給食費は地方公共団体の歳入に計上する必要がある」との画期的な答弁をひきだし、文部科学省も「公会計化を進める」と回答をした[16]。学校給食費は当時、年間4400億円が徴収され、その三分の二の約3000億円が私会計で処理されていた。時を同じくして、学校事務職員も参加していた公教育計画学会は、声明「学校給食費の公会計化の徹底を―公教育の無償化に向けて―」をだして、公会計化の徹底を求めた。

そして、ついに文部科学省も2019年7月29日、自治体にあてた公会計化を求める通知「学校給食費等の徴収に関する公会計化等の推進について」をだし、学校給食法（1954年）成立後のまもない1957年当時の行政実例での考え方から転換した[17]。この画期的な通知によって、文部科学省は2つの課題解決の目的があると考えた。1つは違法な金銭の徴収と業者支払いを含む私的な取り扱いの根絶。たとえば、練馬区費学校事務職員が、2016年に校長の印鑑を無断で使い学校給食費口座からおよそ350万円引き出す事件を起こしていた。2つに文部科学省が進めていた「働き方改革」（私は「働かせられ方改革」と呼んでいる）での負担

元文科初第561号
令和元年7月31日

各都道府県知事殿
各都道府県教育委員会教育長殿
各指定都市市長殿
各指定都市教育委員会教育長殿

文部科学省初等中等教育局長
丸山 洋司

学校給食費等の徴収に関する公会計化等の推進について（通知）

　「新しい時代の教育に向けた持続可能な学校指導・運営体制の構築のための学校における働き方改革に関する総合的な方策について（答申）」（平成31年1月25日中央教育審議会。以下「答申」という）において、学校給食費や教材費、修学旅行費等の学校徴収金については、先進的な地方公共団体の取組を踏まえれば、未納金の督促等も含めたその徴収・管理について、基本的には学校・教師の本来的な業務ではなく「学校以外が担うべき業務」であり、地方公共団体が担っていくべきであるとされたところです。
　特に、学校給食費については公会計化及び地方公共団体による徴収を基本とすべきとされた答申を受けて、この度、文部科学省においては、地方公共団体における学校給食費の公会計化を促進し、保護者からの学校給食費の徴収・管理業務を地方公共団体が自らの業務として行うことにより、公立学校における学校給食費の徴収・管理に係る教員の業務負担を軽減することなどを目的として、別添のとおり「学校給食費徴収・管理に関するガイドライン」を作成し、文部科学省のホームページ（https://www.mext.go.jp/a_menu/sports/syokuiku/1419091.htm）においても公表しております。各地方公共団体におかれては、本ガイドラインを適宜参考として、学校給食費の公会計化の取組を一層推進いただきますようお願いします。
　さらに、学校給食費以外の教材費、修学旅行費等の学校徴収金についても、答申を踏まえ、未納者への督促等を含め、徴収・管理を地方公共団体の業務にすることや学校を経由せずに保護者と業者等の間で支払いや督促等を行う方法など、学校の負担軽減を図る取組の推進について、引き続き適切な対応をお願いします。
　また、都道府県教育委員会におかれては、域内の市（指定都市を除く。以下同じ。）町村教育委員会及び市町村長に対して、本件の周知を図るとともに、適切な事務処理が図られるよう配慮願います。

・学校給食費徴収・管理に関するガイドライン（PDF:832KB）

第1章　学校給食無償の現在

軽減である[18]。実際、多くの場合は教員が担ってきた業務を関連した学校職員、教育委員会職員、そして地域に押し付けることであった。そして明らかにされた効果についてはアンケート集計による数字の羅列がほとんどであった。

しかし、長年にわたって私会計で処理してきた学校給食会計の慣習からの転換はなかなかすすまなかった。私会計は自分の「もう一つの財布」から日銭勘定をするような気楽さがあり、監査があってもPTA役員による監査程度で済んだ。また、学校徴収金のうち学校給食費の額は大きくても、補助教材費、修学旅行、社会科見学等のさまざまなこまかくて面倒な会計処理の一つにしか過ぎなかったから、一つがなくなっても教員等の多忙化解消とは実感できるものではなかったのである。ところが公会計処理になると自治体の会計規則、取扱要領の規程に沿った面倒臭い処理をしなくてはならない。場合によっては却って業務増になるのではないかとの不安も生じるのである。だが私会計を存続させることは不透明な会計処理を非公然でおこなわれていることを認めることであり、保護者から負託された会計（私会計）を恣意的に使っていることである。それは公務員倫理に欠けただらしない行為である。

公会計化は、いわば遵法の精神による徹底した業務改善

2019年の学校徴収金をめぐる不正経理をまとめたことがあるが、年間12件も新聞等に報じられる事件が起きていた。たとえば、秋田県鹿角市では学校給食費や補助教材費などの会計から7160万円の、また名古屋市でも450万円の、徳島県阿南市でも680万円の着服がみられる。しかし、補助教材費や修学旅行費などでは不正経理はみられるが、学校給食費関係について公会計化後は減少しているとの印象を受ける[19]。

2022年から学校給食費公会計に移行した新潟県柏崎市はその効果を次のように示している。市からの保護者へのお知らせで、「金融機関の選択や児童手当からの天引きができるなど、保護者の利便性が向上します。学校給食費の管理・徴収業務を一元的に行えるため、透明性や公平の確保につながります。年間で給食食材購入費が確保されるため、食材の高騰などによる不測の事態が生

じた場合も、学校給食が安定的に実施できます。徴収に関する教職員の業務負担が軽減できます」とわかり易く意義を述べていた。

　自治体での条例改正やシステム設計の努力が実を結んできた。私たち民間の教育行財政研究所（前身は自治労学校事務協議会の調査部）の継続した調査によれば、2024年11月現在、公会計化した自治体は999団体、全自治体の57.4％に当たる[20]。実現のカギは合意形成のための粘り強い調整である。学校給食費の公会計化は、2017年6月の534自治体から約6年で倍増近くまで伸びている。文部科学省通知以降は政令市、中核市などの大規模自治体で公会計化が急拡大している。適正取引を可能とする公会計化を、自治体のすべてで実施する機運が高まっている。先行した群馬県が100％、岩手県、茨城県が90％台、滋賀県、千葉県、宮城県、山梨県、兵庫県が80％台である。他方、文部科学省の2019年通知にもかかわらず宮崎県の7.7％を最悪として、富山県20％、愛媛県25％、栃木県28％、長野県29.9％、など5県で30％未満と実施の地域間格差が大きい。格差拡大には学校給食費の無償の進展の地域間差と関連があるかもしれない。公会計化の未実施の自治体では不適切な財政処理がつづけられ、無償化の機運も乏しいのではないか。

　文部科学省による「学校給食費に係る公会計化等の推進状況調査の結果について」（2020年11月4日）によれば、2019年12月1日では、学校給食を実施している小中学校義務制、特別支援学校、夜間定時制高校を所管している教育委員会への調査（回答数1799）では、公会計化を実施している26.0％、準備・検討している31.1％、実施を予定していない42.9％である。実施を予定していない事由（複数選択可）の回答は、情報管理のための業務システムの導入・回収にかかる経費や人員の確保があげられている。また自由記入では「保護者と信頼関係のある学校が担った方が円滑」、「他市町村等の動向を見て、検討したい」などが見受けられる。

　なお、文部科学省調査における公会計化等の概念は①公会計制度を導入、②徴収・管理を学校ではなく、地方公共団体自らの業務として実施、という双方を満たしている場合としている。

自治体は文部科学省「学校給食徴収・管理に関するガイドライン」(2019年)を参考にして、関係部課の検討会を立ち上げ、食料危機などの困難な状況にあっても学校給食が持続できる最良のシステムをつくることが肝要であり、それは十分可能である。そして、公会計化は学校給食費が私費で成り立っているという根本問題にたどり着くための道標となった。無償によるシステム改善には公会計化も一体的な改善がともなう、ほとんどの自治体でそのようにすすめられている。

学校給食費無償の運動にあたって、公会計化という戦術的なまわり道をしたことは、無償も拡大したという結果をみれば正しい選択であったと言ってよいと総括している。

3 無償の学校給食という時代の始まり

学校給食費の範囲

学校給食費の無償を考える場合、その内実は食材費の保護者負担をめぐる攻防である。設置者である市区町村は学校給食の実施運営にかかわる経費の多くを担っている。そしてその一部は国が補助している。詳しいことは、『学校財政』(学事出版、2013年)、『子どもの貧困と公教育』(明石書店、2016年)、『子どもの貧困と教育の無償化』(明石書店、2017年)を参照してください。このような仕組み全体を見落とすと、保護者だけで学校給食事業を担っているという誤解が生じかねない。基本的に公立学校自体の設置者は自治体である。その責任として運営を財政面から維持しているのである。その一環としてある学校給食も同様である。学校給食事業をおこなうための経費には、給食室などの施設・設備の設置・維持にかかる経費、栄養教諭・学校栄養職員(給与費等の三分の一は義務教育費国庫負担)、給食調理員など教職員の人件費、そして食材などの経費が考えられる。

このことを確認するためにも学校給食法の第4章雑則の一部を抜き書きする。

「学校給食法第11条　学校給食の実施に必要な施設及び施設に要する経費並びに学校給食の運営に要する経費のうち政令で定めるものは、義務教育諸学校の設置者の負担とする。

2項　前項に規定する経費以外の学校給食に要する経費（以下「学校給食費」という。）は、学校給食を受ける児童又は生徒の学校教育法第16条に規定する保護者の負担とする。

第12条　国は、私立の義務教育諸学校の設置者に対し、政令で定めるところにより、予算の範囲内において、学校給食の開設に必要な施設又は施設に関する経費の一部を補助することができる」。

学校給食無償の時期的な課題

　学校給食費の公会計化という公共の土壌の上に、学校給食費無償という理想が急速に実態化したのである。教育行財政研究所の独自調査によれば給食費無償自治体数は着実に伸びている。その実態化のためには、子どもと学校がおかれたそれぞれの時代の課題を取り込んでいくことが必要であった。

　まずは少子化・過疎化対策である。学校給食費の無償を最初に実現したのは山口県和木町である。1951年から小学校で実施し、その後中学校にも拡大した。2006年には人口減少率が高く、少子化対策を始めた北海道三笠市が小学校（293人）を対象に1230万4000円を投じて実施した。2010年には群馬県南牧村が小中学校で実施した。

　2011年には市レベルの規模で初めて兵庫県相生市が学校給食費無償に踏み出した。相生市では12年間で1割の人口減があり、定住促進事業として、子育て支援の充実と人口流出を防ぎ、転入者を増やす狙いである。市のレベルでの対策としての反響から全国からの視察団が押し寄せた[21]。2012年には山梨県早川町，同丹波山村、奈良県黒滝村でも始まっている。

　2013年度から小中学校で学校給食費の無償化をはじめた岐阜県岐南町は「人口増加数が倍増　7年間平均170人→13年は372人」と中日新聞（2014年2月25日）が報じている。岐南町はその影響もあって岐阜県で唯一地価が上がっ

第1章 学校給食無償の現在

ているとも報じられている。

　また、第2子、第3子からと多子政策とも関連させた政策や半額、第2、3子等の一部無償化も広がりをみせる。この段階の学校給食費無償では、小規模自治体での過疎化対策に特徴がある。2017年には学校給食費無償が約50自治体、一部無償が約170自治体になった。

　少子化対策についての有効な政策を国が見出せないことが原因となって、自治体間での人口の奪い合いの様相を呈していた。兵庫県相生市は造船業のマチとして栄えてきたが、その衰退によって、1974年の4万2188人が減少しつづけたのであった。市は「子育て応援都市宣言」を発して、子育てしやすい環境をつくるための11の鍵を定めた。その一つとして学校給食費無償化事業を2011年から実施し、その効果もあって2013年には8年ぶりに転入が転出を上回る成果をあげている。各地に広がった過疎地での人口流出対策の一つとしても限定的ではあるが今日でも有効であると考えられる。

　国の指針のもとに、過疎化少子化を理由とした学校の統廃合がずっとつづけられている。歩いて通える地域に学校もなくなり、電車やスクールバス、スクールタクシーで遠方の公立学校に通うようになっている。郷里に帰っても、母校の姿をみられない方も大勢いる。学校統廃合の歴史や実態を知りたい方は、武波謙三（教育行財政研究所研究員）の「公立学校がなくなり、残った学校もスカスカ」『足元からの　学校の安全保障』をぜひ読んでほしい。図や表を使って課題が整理され、改善の考え方も示されている[22]。私は後述する「学校を地域のランドマークに」において、学校を地域の拠り所としたいとの考えを明らかにする。高齢者施設や社会教育施設など地域の必要に応じた複合機能を積極的な打開策として持たせることが大切と考えてきた[23]。まず地域に学校を残すこと、そして学校給食も含め税外負担のない教育無償を実現し、食の安全安心だけではなく、ともに協力し合って生きる力を養うための公教育が、地方自治の精神で実現していることが、地域の持続的な可能性を引き出すことになると考える。

　人口増加地域である埼玉県滑川町は2011年に幼稚園から中学校まで、時代

35

の先をいく子育て対策として学校給食費無償をはじめた。その先進的な様子は、「人口が急増している、だからこそ」と踏み出し、平等・公平という普遍主義の徹底によって次世代を育てるという自治体の姿勢は高く評価できる[24]。

　自治労自治研地域教育政策作業部会（私も編集に携わった）による『教育を地域に取り戻すための15の提言』（1998年12月8日）では、5「学校給食サービスを地域に広げよう」、8「教育予算に市民の声を反映させよう」を提言し、「給食費や学校振興費などさまざまな名目による学校徴収金が直接、保護者負担として集められています。…水道料金のように公的な徴収と予算執行ができる条件整備が求められています」、と課題を示した。また、その後10年余りが過ぎて作成された『自治労の地域教育改革16の提言』（2009年8月25日）では、10「教育の一環としての学校給食サービスの充実を」、11「貧困の連鎖を断ち切るために、教育の無償化を進めよう」を提言している。そして小中学校の教材費、給食費等の家庭負担をなくそう、をうたった。歳月をかけた取り組みによって、成果がジワリと広がる。

消滅可能自治体とブラックホール自治体

　民間組織「人口戦略会議」が将来「消滅の可能性がある」市町村が744あるとの報告書を2024年4月に公表した。10年前の896自治体よりは減ったが、その理由は外国人の流入の影響と分析し、また若者流入が増えても出生率が低いままの首都圏等のいくつかの自治体を「ブラックホール自治体」と命名した。自治体はこの数字の独り歩きにおびえるだろう。人口の奪い合いはダメだろうという論調も聞かれるが、明治以来、そもそも首都圏などでは一方的に人口、特に若年層を奪いとってきたのである。奪い合うのはダメで、一方的に奪うのはOKなのか、という反省が強く求められる。他方では人口減少が首都圏の一部でさえ生じているときに、活性化の指標に人口増を掲げる意味があるのだろうか、という視点も存在する。消滅可能自治体とブラックホール自治体などの言葉が、さらなる流出と流入を加速させる誘因になる。脅しの言葉にも聞こえる。

第1章　学校給食無償の現在

　過疎化に悩む自治体からは、給食費無償、通学・通園補助など子育て支援策を講じても人口減少は容易にとまらないとの嘆きも聞こえる。2020年代になると人口減少は厳しさを増し、学校給食費無償のみの施策では即効薬となりえない。それでも地域と子どもたちが少しでも豊かな生活がおくれて、その先に未来がみえるような施策のひとつに学校給食費無償による安全安心の学校給食はある。子どもが足で通える地域の小さな学校で学び、会食することが、ランドマークとして学校で実施され、地域を育てる学力をのばすなら、地域が存続するための社会的基盤のひとつになる。

子どもの貧困が注目された

　2012年度の文部科学省「子供の学習費調査」によれば、小学校の学校徴収金が1人当たり年間9万7232円のところ学校給食費4万2035円にもなっていた。私も含めて「子どもの貧困」という概念を多くの人が使うようになった時に、学校給食費が注目されたのも理由があったのである。2013年、子どもの貧困対策法が成立し、2014年には「子供の貧困対策大綱」が閣議決定され、さまざまに子どもへの福祉・教育施策が展開された。しかしそこにみられた方向性は文部科学省が告示した学習指導要領による階梯を登ることが学力向上である。それによって貧困からの個人的な脱出を目指す古典的な発想であり、学習支援が重点的であった。その中で、「子供の食事・栄養状態確保」も重点施策となっている。しかし、大綱では学校給食費無償を打ち出すことはなかった。

　子どもの貧困、その保護者が困窮しているために充分な養育ができない状況をさしているものと考えられる。子どもは幼児労働が禁止されているために、自前での収入がないのが通常であり、また収入を得るとしても学校に通うために労働時間を確保できないと、一般的に考えられる。子どもの貧困という概念自体をもう一度整理する必要もある。教育と福祉との両面を考慮した場合、家庭ごとの貧富の格差はあっても、子ども自身は自分の収入をもたない同じ境遇にいる仲間であり、普遍主義的な給付が望まれるのである。

　少子化・過疎化対策に、子どもの貧困対策の視点も加味され、2017年6月時

点で学校給食費の無償自治体では、北海道は三笠市だけではなく美瑛町、赤井川村など12、群馬県は上野村、南牧村など8、沖縄県は嘉手納町、与那国町など5、鹿児島県4など全国75。第2子からの補助など一部無償自治体は208、合計283と広がりをみせた。しかし、当時、一部無償が圧倒的に多かった。

　2018年には阿部彩、鳫咲子らが編んだ『子どもの貧困と食格差』が大月書店から出版された。それは子どもの貧困対策対応時期の集大成のような内容であった（私も埼玉県滑川町の学校給食費無償についてのコラムを書いている）。その2章では「栄養面から食格差を縮小するための重要な政策は学校給食である」（村山伸子）と記され、4章では「給食は、どんなときでも子どもの食のセーフティネットであるべきだ」（鳫咲子）と述べ、中学校での学校給食の実施率の低さや夜間定時制高校生への給食の廃止の動きを注目している。いずれもよい論点であった。

　その後、社会全体に困窮が広がったのは突然のコロナ禍とウクライナへのロシアの侵略戦争の影響である。食の格差というよりも食そのものがなくなるまでに99％の人たちが危機に陥ったときに、いち早く手をさしのべ合うことができたのは地域の身近な人々の存在である。

　地域間の格差の拡大と地域内での格差が重なり、加えて国際的な流動化の中で、学校のあり方、その一側面である学校給食の役割と、その存続のための課題整理が必要になってきたのである。これまで時間はかかったが、先進的な基礎自治体から周辺自治体の波及が線として繋がり、自治体ごとに財政的な悩み等を抱え、克服しながらひとつひとつ実現してきた。それでも困窮の深まりと広がりは社会全体の構造の問題であり、いまだ緒に就いたばかりと思わずにはいられなかった。面として広がるには至らなかった。

コロナ禍・食料危機対応

　学校給食実施自体の危機が露呈したのは2018年からのコロナウイルスの感染拡大である。安倍元首相の掛け声で一斉休校（休業）になると、学校給食も提供ができなくなった。代わりに地域、自治体主導で各地の実情に合わせた対策

第1章　学校給食無償の現在

が講じられた。学校給食を地域で守ろうという取り組みが各地で動き出したのである。戦後に子どもを飢えさせないための自主的な動きから学校給食が始まったことを思い出させる。食の社会化という基層が地域にはあったのである。

　厚生労働省は2018年2月から9月30日までの期間に対する「休校に伴う保護者の助成金・支援金を制度化した（上限1日8330円）。3月13日、「新型コロナウイルス感染症対策のための小学校等における一斉臨時休業に伴う生活保護業務における学校給食費の取扱いについて」がだされ、「給食費は支給済み被保護者に対して臨時休業期間中の学校給食費に相当する額について、福祉事務所への返還を求めないこととされたい」と示した。収入が減少したひとり親世帯への現金給付などを実施した。

　文部科学省は2018年3月24日の「令和2年度における小学校、中学校、高等学校及び特別支援学校等における教育活動の再開等について（通知）」をだして各種認定を速やかにおこない、必要な支援をおこなうことを指示している。自治体の独自政策は、政府の支援に先立ち、あるいは政府の支援策に上乗せする形の実施である。危機に際して、国も地方も同じ方向を向いたのである。ただし、政府が口とカネはだせても実体化するのは地域のリアルな手であり、地元の自治体だということの理解が必要だ。

　学校給食を地域で守ろうという取り組みが各地で動き出したのである。教育行財政研究所はそれらの自発的な取り組みを緊急に取りまとめ「コロナ禍対策に伴う保護者負担軽減調査」を2020年9月に雑誌『学校事務』を借りて発表した[25]。いわば素早い調査をおこなうことで、さらなる取り組みの拡大を願ったのである。政府の第2次補正予算が成立した2020年6月12日までの自治体対応をまとめると、1、児童手当上乗せは189、児童扶養手当上乗せは390。合計で579（自治体の33.3％、両方支給自治体はダブルカウント）自治体はひとり親世帯への負担軽減を重点的におこなう。児童手当は15歳までの子どもを対象に所得基準以下の世帯への給付。ただし基準を超えても特別給付がある。2、全員給付では、現金の特別給付は175、図書券・商品券263、教材費無償は5。合計443（同25.4％）。3、就学援助への給食費等措置自治体は149（同8.6％）。4、年

39

度内給食費無償化30、一定期間127、合計157（9.0％）。給食費負担緩和措置をすすめた自治体の割合が高い府県は、山梨県44.4％、大阪府34.9％、愛知県33.3％であった。5、給食費無償化をすでに実施していた群馬県多古町・草津町では給食費相当額を給付。和歌山県太地町では小中学校・こども園の教職員が弁当を希望する家庭まで届け、合わせて子どもの様子を確認していた。このような対応は神奈川県藤沢市でも実施されていた。6、一人一台ICTでは、家庭への遠隔（オンライン）教育をした市区町村であって、設備のない家庭への機材の提供をした自治体は奈良県御所市である。ただし多くの自治体では文部科学省が強引に導入したGIGAスクール、その一環である家庭へのオンライン教育にまでは手が回らなかった。このように自前でのデータとその分析によって移り行く事態を把握し、次の状況を予測できるのである。

　設置者としての責務として手探りでも果たした自治体は多く、住民が普段通りの生活で生き延びるのには地域の力が第一であることが思い知らされた。国は現金をばらまくことはできても、個々の住民に対応したきめの細かなサービスや声掛けをすることはできない。

　それでも生活保護申請が11年ぶりに増加した2021年、しんぐるまざあず・ふぉーらむ理事長赤石千衣子は母子世帯の子どもの体重が10％も減ったと語っていた（yahooニュース、2021年5月5日）。学校給食がない期間、それに代わる取り組みが不十分だったことも原因の一つだろう。貧困家庭の問題だけではなくすべての子どもたちが安全な学校給食を安心して食べることができるように社会的な制度が21世紀では不可欠であることを深く認識させたのがコロナ禍だった。

　コロナ禍の最中には、政府からのマスクなど防災用品、GIGAスクールのための補正予算がたくさんついた。しかし、学校給食の制度整備や予算措置に踏み込むことはなかった。「新型コロナウイルス感染症対応地方創生臨時交付金」などによる学校給食費無償化は一時的な無償化措置である。上乗せをしたのは千葉県である。全体的にみれば、困窮化が広がり、そこに食料危機が迫るなかでも、国は全国民がした苦い経験を生かした恒常的な準備には至らなかっ

第1章　学校給食無償の現在

た。災害に便乗し私腹を肥やした政治家や御用商人への忘れがたい記憶も刻まれている。

　いつものことながら、実際の人々の苦労の要点がみえているのは国でも研究者でもなく地域である。改善策を編み出せるのは、取り組む自治の活動からである。地域の生の声が普段に届き、それを生かして新たな政策を展開してきたのはどこであるかを改めて考えるときである。地域自治の拡充こそが重要である。とくに千葉県では知事が県として学校給食費の一部補助を期間限定で打ち出したことを契機として自治体の一部無償が恒常化することとなった。現在、千葉県は一部補助が多いとはいえ県下100％の自治体で学校給食費の無償・一部無償をしているのである。このことは特記されてよいことだろう。

　千葉県の取り組みを評価し、いち早く都道府県の役割の重要性を促した。これがやがて2024年度の青森県、東京都、香川県、和歌山県、2025年度の沖縄県などの都県段階で、恒常的な無償・一部無償への誘導的な補助の動きという現在の新たな広がりを生み出したのである。

4　55.9％実施というデータからみる実態と課題

学校給食無償ランキング

　コロナ禍とそれにつづくウクライナへのロシア侵攻が引き起こした食料危機は、従来の保護者負担に依拠した学校ごとの小さなどんぶりでの勘定を破綻させ、学校給食費のあり方の改善（公会計化・無償化）の必要性を全国の自治体に認識させることとなった。食料調達の困難は一時的な現象ではない、そんな危機感が広がり、学校給食のあり方も生み直すことが大事と感じられるようになった。

　転換の象徴は学校給食費の無償化の後進地であった東京23区では、葛飾区がはじめた無償化が2024年度にはすべての区での実施に広がった。区部だけではなく多摩、島嶼部でも無償化の波が止まらない。たとえば、2016年をみてみると東京都62自治体のうち給食費無償・一部無償を合わせて6自治体

41

（9.7％）しかない寒々とした子育て困難地域であった。それが従前から実施していた奥多摩町や檜原村、利島村、御蔵島村だけではなく、府中市、八王子市など35自治体で2024年度の実施がおこなわれる。東京都は60自治体が無償、一部無償が小笠原村（ミルク給食）の牛乳代の無償など一部無償2自治体とあわせて62自治体。100％の地域となった。

引き金となったのは2023年12月、東京都に対し市長会と町村会が、地域間格差の是正を求め、都は、区市町村が給食費無償とする場合、その半分を負担する費用として239億円を盛り込んだ新年度の当初予算案を2024年1月に発表したことがあげられる。

都知事の二分の一補助の声明があって、それでも躊躇する自治体にむけてさらなる援助を打ち出した。その結果は2024年11月現在（予定も含む）、62自治体のうち無償60、一部無償2のあわせて100％になったのである。

100％の県を紹介する。もっとも取り組みがすすんでいる和歌山県（30自治体）は、県からの1/2補助を受けて、すべてが完全無償自治体になった。青森県（40）は100％の県からの補助を受けて無償37、一部補助3と無償・一部無償あわせて100％となっている。千葉県（54）では、2016年には無償・一部無償が8自治体（14.8％）であった。それが、先に示したように県が期間限定で県下全ての市町村へ給食費一部補助を実施したことが引き金となって、無償18、一部無償36、合計54自治体（100％）と実施割合がたかまった。しかも一部無償で始めた自治体が徐々に無償へと拡充しているのである。同様に香川県（17）も2016年当時には無償・一部無償を合わせても一部無償1自治体であった。ところが知事の給食補助の発言以降拡大して、無償3、一部無償14の100％実施県となったのである。都道府県レベルの政策の重要性を実証している。

教育行財政研究所が定期的に集計し、「学校給食費関連調査報告集約」を編集している。（無償化と公会計化の都道府県別実施自治体数）では、2024年11月には都道府県別自治体は合計で無償611、一部無償362、合計55.9％である（「新型コロナウイルス感染症対応地方創生臨時交付金」などによる一時的な無償化は除く）。その図表1-2「2024年学校給食費無償化等都道府県別割合集約表

42

第 1 章　学校給食無償の現在

図表1-2　2024年　学校給食費無償化等都道府県別割合集約表 教育行財政研究所　20241130

	都道府県	市区町村	完全無償（A）	割合	一部補助（B）	割合	合計（A+B）	割合
2	青森県	40	37	92.5%	3	7.5%	40	100.0%
12	千葉県	54	18	33.3%	36	66.7%	54	100.0%
13	東京都	62	60	96.8%	2	3.2%	62	100.0%
30	和歌山県	30	30	100.0%	0	0.0%	30	100.0%
37	香川県	17	3	17.6%	14	82.4%	17	100.0%
10	群馬県	35	23	65.7%	10	28.6%	33	94.3%
19	山梨県	27	19	70.4%	4	14.8%	23	85.2%
17	石川県	19	12	63.2%	3	15.8%	15	78.9%
47	沖縄県	41	15	36.6%	14	34.1%	29	70.7%
8	茨城県	44	17	38.6%	14	31.8%	31	70.5%
46	鹿児島県	43	22	51.2%	7	16.3%	29	67.4%
41	佐賀県	20	6	30.0%	7	35.0%	13	65.0%
7	福島県	59	22	37.3%	16	27.1%	38	64.4%
6	山形県	35	16	45.7%	6	17.1%	22	62.9%
45	宮崎県	26	12	46.2%	4	15.4%	16	61.5%
1	北海道	179	64	35.8%	36	20.1%	100	55.9%
43	熊本県	45	15	33.3%	10	22.2%	25	55.6%
25	滋賀県	19	7	36.8%	3	15.8%	10	52.6%
31	鳥取県	19	4	21.1%	6	31.6%	10	52.6%
11	埼玉県	63	13	20.6%	20	31.7%	33	52.4%
42	長崎県	21	5	23.8%	6	28.6%	11	52.4%
5	秋田県	25	9	36.0%	4	16.0%	13	52.0%
20	長野県	77	21	27.3%	18	23.4%	39	50.6%
23	愛知県	54	9	16.7%	17	31.5%	26	48.1%
35	山口県	19	8	42.1%	1	5.3%	9	47.4%
18	福井県	17	5	29.4%	3	17.6%	8	47.1%
15	新潟県	30	4	13.3%	10	33.3%	14	46.7%
27	大阪府	43	17	39.5%	3	7.0%	20	46.5%
4	宮城県	35	14	40.0%	2	5.7%	16	45.7%
28	兵庫県	41	8	19.5%	9	22.0%	17	41.5%
24	三重県	29	7	24.1%	5	17.2%	12	41.4%
29	奈良県	39	12	30.8%	4	10.3%	16	41.0%
33	岡山県	27	7	25.9%	4	14.8%	11	40.7%
3	岩手県	33	10	30.3%	3	9.1%	13	39.4%
44	大分県	18	6	33.3%	1	5.6%	7	38.9%
26	京都府	26	7	26.9%	3	11.5%	10	38.5%
39	高知県	34	9	26.5%	4	11.8%	13	38.2%
36	徳島県	24	3	12.5%	6	25.0%	9	37.5%
14	神奈川県	33	7	21.2%	5	15.2%	12	36.4%
9	栃木県	25	0	0.0%	9	36.0%	9	36.0%
16	富山県	15	2	13.3%	3	20.0%	5	33.3%
21	岐阜県	42	7	16.7%	6	14.3%	13	31.0%
38	愛媛県	20	2	10.0%	4	20.0%	6	30.0%
40	福岡県	60	9	15.0%	9	15.0%	18	30.0%
22	静岡県	35	4	11.4%	4	11.4%	8	22.9%
32	島根県	19	2	10.5%	2	10.5%	4	21.1%
34	広島県	23	2	8.7%	2	8.7%	4	17.4%
計		1,741	611	35.1%	362	20.8%	973	55.9%

※「地方創生臨時交付金」（新型コロナ対応、物価高騰対応重点支援）による期間限定の給食費無償化を実施している自治体は除く。

（20241130）」（武波謙三作成）をみてほしい。実に5割以上の自治体が自主的に学校給食費の無償化にまい進しているのである。

　また、高等学校への給食の無償提供をしているところは、大分県豊後高田市など全国9自治体がある。

あおもり大変革

　「『あおもり大変革』を達成したい」と青森県知事が就任後初の新年度当初予算案に盛り込んだ、と青森テレビは2024年2月20日に報じた。"青森新時代"へ独自色の強い予算案発表。その目玉となったのが、全国初、都道府県単位での学校給食費無償である。新規事業として「学校給食費無償化等子育て支援事業（19億5409万円）」が予算措置され、各市町村や県立、私立の小中学校・特別支援学校に交付する。交付額は児童生徒一人当たりの単価を設定する。配分時期は年度途中に準備ができ次第となる。東奥日報（2020年2月15日）は、県教育委員会によると2023年10月時点、17市町村で無償化されている。既に実施している自治体は、保育料など子育て費用に活用する方向で検討。学校給食に関しては県産農林水産物を積極的に取り入れる取り組みもすすめ食育などでの活用を予定している、との趣旨の報道をいち早くおこなった。学校給食費の無償化と青森ブランドの推奨など地産地消とを結びつけている優れた視点がある。このように強引とも思えるような新規事業ができるのも全国的な地方財政の好転が背景にある。どのような施策を構想するかである。

　逆に低い県は、最低の47位は広島県（23）で無償2、一部無償2、無償・一部無償化率17.4％である。公会計化率も低い。46位島根県、45位静岡県、44位福岡県、愛媛県、42位岐阜県である。東高西低の傾向がみられる。このような中でも「給食費無償拡大　県の英断を」と自治労に加入している学校事務職員の生越義幸が長崎新聞（2024年3月2日）に投稿して無償拡大を求めている[26]。この投稿の優れているのは市町村の実績の上に青森県にみられる県の補助に焦点を合わせていることだ。学校給食事業にも携わる学校事務職員がこうした声を発信しつづける努力は必ず、実を結ぶ。長崎県（21）では東彼杵郡3町（波

44

佐見町、東彼杵町、川棚町）と雲仙市、諫早市、佐世保市（中3）と無償・一部無償が50％をこえるまで一気に広がっている。黙って待っていれば世の中がよくなるわけではない。このような一人一人の生の声が、全県実施へ、そして安全安心な有機食材使用の学校給食が始まる希望をもたせる。

　政令市・福岡市長は給食費完全無償2025年度実施を12月議会で表明した。九州全域に広がることを願う。

首都圏は子育て困難地帯？

　首都圏という子育て世帯の多い中で、東京都は2023-24年に多摩・島嶼部を含めて一気に学校給食無償・一部無償を実現した。千葉県は第2子、第3子からという多子対策の無償化が多いのが特徴である。しかし、神奈川県（33）が無償7、一部無償5、あわせて36.4％、埼玉県（63）、無償13、一部無償20、無償率52.4％である。ただし神奈川県でも横浜市、川崎市、横須賀市では実施されていない。同じく埼玉県では東京に近い県南地域のさいたま市、川口市、越谷市、春日部市、などでは実施されていない。いわば子育て困難地域ではないだろうか。本当に子育て困難地域は過疎少子化に悩まされている地域ではなく、首都圏などであると見方を変えて、対策を講じる必要があろう。『子育て罰』地帯ともいえよう[27]。

　無償化の実施方法の課題も存在する。無償化を実施する場合も学校給食法第11条第2項があるために、現状でも一度徴収してから返金する二度手間のシステムを用いている自治体が複数ある。いまとなってはこの条項は邪魔なだけである。シンプルにするためにもこの条項の削除が急務である。

　また、葛飾区、山口県萩市では無償化の基盤である公会計化を実施していない。保護者負担を前提とする従来の発想の上に税金を投下したのであって、予算処理上に課題を残している。今後、国が学校給食費無償の制度化を図り、財源措置がおこなわれる場合に、学校給食法の改正をしないままであったり、公会計化していない自治体であったりすることは、財政処理が複雑化し多大な事務処理が発生することも危惧される。

5　歴史を先にすすめよう

　仕上げとして国政レベルでの学校給食制度の改革が必要となっている。住民に直結した公教育の地域自治を尊重しつつ、それを補完する国の施策が重要である。

　学校給食費を無償にしている自治体があることについての衆議院議員からの質問に対する2010年4月13日の答弁書において、「文部科学省としては、一部の地方公共団体において学校給食を無償にしていることは承知しており、このような取組は、児童・生徒の保護者の経済的な負担の軽減を図るためにおこなわれているものと認識しているが、学校給食を無償とするか否かについては、地方の実情等に応じて、各学校の設置者が判断するべきものと考えている」と回答している[28]。学校給食法第11条第2項で保護者負担と書かれている。が、無償化にするかどうかは学校の設置者である自治体の判断であるという姿勢である。この文部科学省の姿勢は今日までつづいている。この姿勢は旧文部省時代の1958年4月9日の北海道からの照会の回答でも、学校給食法の規定は「学校給食を受ける場合のその保護者の負担の範囲を明らかにしたものであつて、保護者に公法上の負担義務を課したものではない」。「保護者の負担軽減をはかるために、設置者が学校給食費を予算に計上し、保護者に補助することを禁止した趣旨のものではない」と回答している[29]。

　旧民主党政権時代の画期的な政策であった子ども手当に関しても2010年頃には、民主党政権内部でも現金給付のみではなく、自治体が住民ニーズに合わせた子育て支援に取り組めるように現物給付も組み合わせることが検討された。当時の原口一博総務相は「現金給付とサービス給付のバランスはとても大事」、と述べていた。仙谷由人国家戦略担当相は、「満額支給の財源の一部を学校給食費や保育所増設に振り向けることに理解を示しており、11年度予算編成で焦点となる見通しだ」と報道もされていた[30]。「地方負担継続で合意＝給食費と保育料天引き─来年度子ども手当・関係5閣僚」と時事通信は発した。内容

第1章　学校給食無償の現在

の趣旨は「子ども手当をめぐっては、地方側が財源負担に強く反発している。このため政府は、市町村から要望のあった給食費などを手当から天引きできる制度の導入で理解を得る考えだ。財源確保策として政府・与党内に浮上していた支給対象世帯への所得制限は設けないことで一致した」[31]。旧民主党政権がつづいていれば韓国のように学校給食費無償はすでに実現していたのではないかと残念でならない。

2016年3月11日、経済財政諮問会議（議長・当時の首相・安倍晋三）の民間議員から学校給食費無償の提案がされている。学校給食の無償は、公費による安定した学校給食事業が実現することであり、見方によれば民間企業の参入の条件を一層整える意図もあるとみえた。資料2「600兆円経済の実現に向けて～好循環の強化・拡大に向けた分配面の強化～」の「3．子ども・子育て世帯の支援充実」の項目で「給食費の無料化の検討や小児・周産期医療の充実、こども医療費の負担軽減に係る国民健康保険の国庫負担金等の減額措置について検討を通じて、子育て支援の強化を推進」と提案し、小中学校の学校給食費は5120億円と試算されていた。

福島瑞穂参議院議員は約4227億円と試算している。公立小学校における平均給食費年額4万6930円に国公私立小中学生660万人をかけて、就学援助などによりすでに学校給食費支払い免除をされている95.6万人を差し引くと約2648億円。公立中学生は平均5万3702円それに同様に人数をかけると約1579億円。小中学校の合計として約4227億円である、と[32]。

2022年に立憲民主党・日本維新の会は共同で学校給食費無償化の法案を提出した。また自民党も学校給食費の無償について検討をおこなってきた。

2023年度政府予算をめぐる国会審議で、学校給食費の無償化政策の根拠となったのは教育行財政研究所のデータ分析である。2023年3月15日、古賀千景議員（立憲民主党）が参院予算委員会で質問。3月29日、立憲民主党・日本維新の会は共同提案で再び学校給食費の無償化実施を求めた。

3月31日、こども政策の強化に関する関係府省会議にて、「こども・子育て政策の強化について（試案）～次元の異なる少子化対策の実現に向けて～」が

47

取りまとめられ、公表された。試案では「昨年の出生数は80万人を割り込み、過去最少となる見込みで、政府の予測よりも8年早いペースで少子化がすすんでいます。2030年代に入ると、我が国の若年人口は現在の倍速で急減し、少子化は歯止めの利かない状況になることが予想されることから、2030年代に入るまでの6〜7年で少子化傾向を反転できるかどうかが重要となっています」、と現状把握がされている。そして、今後3年間で取り組む「こども・子育て支援加速化プラン」として「ライフステージを通した子育てに係る経済的支援の強化」、「共働き・共育ての推進」、「全てのこども・子育て世帯を対象とするサービスの拡充」、「こども・子育てにやさしい社会づくりのための意識改革」の4本が掲げられている。しかし、具体的な予算措置を講じた施策としては児童手当の拡充などに限られイベントや啓発活動の項目が多いのである。試案では学校給食費の無償化については課題を整理するにとどまった。

4月5日、衆議院文教委員会で牧義夫議員（立憲民主党）が最新データを示して学校給食費の無償化・公会計化を永岡文科大臣に再び迫っている。

全国のどこの市区町村でも学校給食費が無償なのが「当たり前」になり、子どもが安全安心の給食を楽しめるには、学校給食法第2条の目的に地産地消の有機食材の積極的な活用を加え、第4条設置者の任務の変更、第11条第2項削除の法改正と約5000億円の財政措置が課題である。単に利益追求のために参入を意図する大規模給食サービス等の企業にとって、食中毒や異物混入やアレルギー対策、そして児童生徒の体調も把握して提供することは採算がとりにくいばかりか、大事故が起これば社会的信用を失うことになる。ビジネスモデルとして成り立ちにくい。小規模農家による地産地消の有機食材を使用した安全安心の学校給食を、機動性を生かして実現するには、小さな規模の自校給食が望ましい。

財源措置に当たっては、地域自治を尊重した財源の確保が求められる。考えられるのは、たとえば地方交付税による措置であろう。消費税を前提にすれば、現行、標準税率10％の場合には消費税率7.8％と地方消費税率2.2％（消費税額の22/78）の割合となっているのを、地域自治を実現するために地方消費税率割合

第1章　学校給食無償の現在

を高める手法もありえる。さまざまな手法があるが、最も危険なのは給食バウチャーで、避けなければならない。バウチャーの考え方は事業者に財源を渡すのではなく、保護者に現金ではなく食券を配布して自由に使用するという新自由主義的な発想である。すでに学校外活動費の一つにある学習塾の経費を所得の低い家庭に対して大阪では給付しているのは、教育バウチャーの一種である。

　6月13日、「こども未来戦略方針」を閣議決定し、それに基づいた調査の結果が、文部科学省から2024年6月12日に「学校給食費の無償化を実施する教育委員会における取組の実態調査（令和5年9月1日）」として公表された。学校給食費無償の自治体の調査結果は、2023年9月1日現在で何らかの無償を実施している722自治体があり、そのうち547自治体が小中学校全員を対象（自治体の約3割）にしている。145自治体が多子世帯、一部の学年や所得要件などの「支援要件」を設けている。学校給食の実施率が私立、国立学校がきわめて低い。公立に比べて学校給食に関してはサービス水準が低いことは知られていない事実だ。自治体が独力改善をしている時に、実施してこなかった国立学校の存在意義が問われると思われる。地域立学校として普段に地域住民の目によってみられている公立学校が義務教育の基本であることは、保護者の一人一人が忘れてはならない。また「給食実施校においても、約2万85000人が給食の提供を受けていない。これは重度のアレルギー等により、弁当を持参している児童生徒が存在するほか、一部の自治体で、中学校を中心に選択制の学校給食を実施している」、と二つの課題をないまぜにして分析をしている。

　2024年10月27日の総選挙では、主要政党の選挙公約では学校給食の無償が掲げられるようになった。

　公立学校の年間給食費合計試算は約4832億円。それに国立、私立を含めると約5100億円になる。国の財政支出をどのように見積もるかの検討である。文部科学省が関心を寄せているのは、学校給食の提供を受けていない児童生徒、特に私立へ通う子どもたちへの支援だ。わたしたちの学校をつくりだすためには、食の社会化のひとつである学校給食費無償は重要な契機となる。

　12月17日、2024年度補正予算が成立した。政権与党はこれに伴い、日本維

49

新の会との教育無償化に向けた協議を始めることに合意した。

12月23日、立憲民主党、日本維新の会、国民民主党は、「学校給食法の一部を改正する法律案」を衆議院に共同提出した。2025年4月実施を目指している。標準的な額をもとに年間所要額約4700億円と算出している。標準額を超えた場合の負担の課題は存在している。

12月27日、共同提案に対して文部科学省は「「給食無償化」に関する課題の整理について」を公表した。そこでは学校給食費の有償を堅持しようという姿勢がかたくなである。これでは安全安心の学校給食を持続的に保障する財政的な責任を果たすことにはならない。後述するように学校給食事業の市場化も危惧される。

実施に当たっては教科書のように国が一括して買い上げて設置者に無償で給付する在り方や教職員人件費のように1/3を国が負担する制度では、国による給食管理が厳しくなる。他方、個人に給付する給食バウチャーでは教育としての視点が軽視されてしまう。地域でともに育てるわたしたちの教育を充実させる趣旨からして市区町村の自主的な判断が尊重されるには地方自主財源の拡充が望まれる。

2025年1月13日、教育行財政研究所（主宰中村文夫）は「学校給食費無償の実現のために」とのメッセージを発した。そのなかで、教育としての学校給食をおこなっている日本では、日本国憲法第26条第2項にある「義務教育は、これを無償とする」の趣旨にそって、普遍主義教育福祉の観点に立ち、保護者からの税外負担の解消をおこなうことが必要である。1月24日召集の第217回国会で立憲民主党、日本維新の会、国民民主党の野党3党提出の「公立小・中学校の給食費を無償化する学校給食法の一部を改正する法律案」を成立させ、2025年4月からの学校給食費無償を実現し、安全安心の学校給食を保障すべきである、と主張した。予算案審議の通常国会が始まる。

第1章　学校給食無償の現在

注

1　『われらの子ども——米国における機会格差の拡大』ロバート・D・パットナム、創元社、2017年
2　「自治体が拓いた無償の学校給食時代」『月刊　自治研　7月号』中村文夫、2023年
3　「学校給食費の未納対策について——準要保護制度論」『教育委員会月報』No.117、1960年5月号、旧文部省体育局給食課角井課長補佐
4　『筑豊のこどもたち』土門拳、築地書館、1977年
5　毎日新聞「給食費：「滞納は給食停止」　笛吹の石和中、保護者あてに同意求める文書」2006年3月24日。毎日新聞「給食費：「滞納時停止の申込書、笛吹・石和南小でも」3月25日
6　「公教育の無償化への再構築——学校徴収金、とくに学校給食費の公会計化をステップとして」『第34回兵庫自治研集会　論文部門』中村文夫、2012年
7　『教科書をタダにした闘い　高知県長浜の教科書無償運動』村越良子・吉田文茂、解放出版社、2017年
8　『子どもの貧困と教育の無償化』第2章　無償化に向けた諸課題、中村文夫、明石書店、2017年
9　8に同じ。
10　『学校財政』中村文夫、学事出版、2013年
11　『子どもの貧困と公教育』付録「学校給食費の公会計化を目指す人のためのQ&A」中村文夫、明石書店、2016年
12　文部省管理局長回答「学校給食費の徴収、管理上の疑義について」1957年、など4行政実例
13　群馬県教育委員会「学校給食費の公会計処理への移行について（通知）」2007年3月30日
14　「教育現場でのコンプライアンス　小中学校の私費会計（特に学校給食費）について」『法律のひろば　5月号』川義郎、2010年
15　「給食費等の徴収金の新たな動き」『学校事務　12月号』中村文夫、2015年
16　8に同じ
17　文部科学省「学校給食費等の徴収に関する公会計化等の推進について」添付資料「学校給食徴収・管理に関するガイドライン」（2019年7月31日）。『アフター・コロナの学校の条件』中村文夫、岩波書店、2021年
18　「東京都の現状から文科省の「学校給食費等の公会計化」通知を読む」『とうきょうの自治』No.114、中村文夫、2019年 September 1
19　「2019年の学校徴収金をめぐる着服等の事件簿」『学校事務　5月号』中村文夫、2020年
20　調査手法は、1自治体の条例、要綱、2教育委員会議事録等、3自治体報告・広報類、4新聞情報、関係者聞き取りによって教育行財政研究所が把握した範囲での集計
　　　文部科学省「学校給食費に係る公会計化等の推進状況調査の結果について」（2019年12月現在）の「公会計化等」の観点は、教員の業務負担軽減等であり、①公会計制度を導入、②徴収・管理を学校ではなく、地方公共団体自らの業務として実施、の双方を満たしたものである。
21　朝日新聞「給食無料化した兵庫県・相生市、全国の自治体から続々視察」2011年10月28日
22　『足元からの　学校の安全保障』中村文夫編著、明石書店、2023年
23　「学校を地域のランドマークに」『ながさきの自治研』No.89、中村文夫、2024年3月
24　「次世代に向けての自治体経営——埼玉県滑川町の事例」『るびゅ・さあんとす』No.16、中村文夫、2017年 February
25　「「コロナ禍対策に伴う保護者負担軽減調査」報告」『学校事務　9月号』教育行財政研究所、2020年
26　「学校給食費の公会計化・無償化を求めて」『第40回自治研レポート』2024年

27 『子育て罰』末冨芳・桜井啓太、光文社、2021年

28 内閣総理大臣臨時代理国務大臣菅直人「衆議院議員木村太郎君提出学校給食費の徴収状況に関する質問に対する答弁書」（平成22年4月13日受理、答弁書第343号）

29 北海道教育委員会教育長あて　文部省管理局長回答「学校給食費の徴収管理上の疑義について（委管77）」1958（昭和33）年4月9日

30 埼玉新聞「子ども手当　現金給付見直し検討　総務省地方自治体に裁量」2010年4月13日

31 時事通信「地方負担継続で合意＝給食費と保育料天引き――来年度子ども手当・関係5閣僚」2010年12月21日

32 週刊女性PRIME　2016年11月24日

第**2**章

食の社会化
―――学校給食の由来、そして未来

1 弁当の時代、そして自主的な学校給食も

歴史をさかのぼる

　まず歴史をさかのぼって教育機関と弁当の関係をみてみたい。人は何かを食べていないと生命活動が途切れてしまう。農作業等の途中でも昼食などの食事は当然、激しい労働のときには　間食も必須。平安京では「各官司の厨家、すなわち一般にいう台所の役割をはたす区域であった」。「「府厨町」、そこでは府官人の弁当を調製していたことが、はっきりとうかがえる」と林屋辰三郎は説く[1]。古代官庁には給食調理設備があったのである。また古代より軍事行動の最中にも携帯食があった。食糧を携帯しない場合は通り過ぎる村々を略奪する。略奪された地域では飢餓が襲う。戦いに敗れ、占領された地域では人としての尊厳と生命をないがしろにされ貧困と飢餓がもたらされた。日本では第2次世界大戦での最大の危機は敗戦直後であった。その危機をどのようにして乗り切ったかは後で述べたい。

　そして平和なとき、育ち盛りの子どもはお腹をすかせると勉強に集中できなくなる。とくに江戸時代中後期になって、都市中産階級の子どもたちは、家族のなかでの家業の継承・学びだけではなく、新しい時代で自分に必要な学びを師匠に見守られて集中的に学び始めた。その場所は、手習所とか寺子屋と呼ばれた私塾である。私塾では一斉授業ではなく、手本をみて自分のできる手習いをしていた、21世紀のはやりの言葉でいうと個別最適な学びをしていた。渡辺崋山の描いた「一掃百態」では遊び惚ける寺子を師匠ははたからながめている。長屋住まいで天秤棒を肩にかけて商う棒手売（ぼてうり）の子どもたちが寺子屋で学べたわけではない。

　渡辺信一郎の『江戸の寺子屋と子どもたち　古川柳にみる庶民の教育事情』[2]によれば、朝の五ツ（7時）から八ツ（午後2時頃）まで、昼食は持参するか、自宅に帰って食べてまた寺子屋に戻る、または学業をおえてから自宅で摂る。そこで古川柳が紹介されている。

第2章　食の社会化

「手習子弁当箱をさしに持ち」、「信玄弁当車座の手習子」。手首に結わえて持ってきて、車座になって会食している様子がうかがえる。店持ちの家で坊ちゃん、お嬢ちゃんとして育てられているのだろう。甘やかされて育つ。式亭三馬が描いた19世紀の滑稽本『浮世風呂』にはこんな様子も描かれている。手習所に行く女の子が女風呂の母親にお弁当をねだりに来た。…そばにいる人たちが「どこの子もお弁当でこまりますよ」、「ハイ、もううるさくてなりません」。「「いくらなんでもお弁当が遅い」と言って家まで取りに来ますよ。そうしてえっちらおっちらお師匠さまへ持って行って食べます」、という風景も江戸にはあった[3]。

　以下では明治以降を考える。

学校給食のさきがけ

　学校給食は山形県鶴岡市の仏教各宗派協同私立忠愛学校が1889年に困窮家庭の子どもに対して実施したのが始まりというのが定説となっている。忠愛学校は貧困家庭の子どもたちを集めて昼食だけではなく学用品も給付している。1905年に東北地方大凶作があり、1906年には福島県各地では、篤志家の寄付を仰いで、小学校で貧困児童のために昼食にパン、餅などが給与されていた[4]。1921年から岐阜県恵那郡川上小学校では村費で栄養増進、体力向上を目的として味噌汁給食を実施している。

　この一汁一椀のスタイルは長くつづいている。現在でも、完全給食以外にも、主食以外を提供する「補食給食」や牛乳だけを提供する「ミルク給食」を実施している学校も存在している。ミルク給食の発想は味噌汁給食とのつながりを感じさせる。

　明治以降も一部では学校給食が人々の善意によって提供されていた。困窮した児童を対象とした部分的な実施であり、それ以上の広がりは戦前にはみられた。どのようにそれは受けとめられていたのだろうか。

55

まず学校は食べさせてくれるところ　明治・大正の下層社会

　「私は毎日コックさんが、おべんとうをこしらえて、みなさんにたべさせてく
れて、本とうにありがたいと思います。そして私は残ったごはんを毎日いただ
いて、それを家へ持ってお母さんに見せますとお母さんはたいへんよろこびま
す。そしてありがたいといいます。お父さんもお母さんもよろこんで、こんな
しんせつな学校は、ほかにないとお父さんもお母さんとがおはなしをしていま
す。そしてごはんが足りないが、私がおべんとうをもらって来ますから、まに
あいます。そして私は家の近所へ行くと近所の人が何をもらって来るのときく
のではずかしくてたまりませんが、わらう人にはわらわせておくのです」。

　紀田順一郎は『東京の下層社会　明治から終戦まで』[5]において、新宿旭町分
教場に通う小学4年生の作文を紹介している。多くは篤志家の寄付によって支
えられていた無償の学校給食の提供を、ここではおべんとうをこしらえてくれ
る、と表現している。それは子どもたちの昼食を提供することを介して学校へ
の登校を促し、持ち帰ることで家族の食事の足しにもされ、また近所から羨ま
しがられるものであった。東京の下層社会を描いた著作物はあるが、学校に通
わない子どもたちが多いので、学校の様子は、まして学校給食について書かれ
たものは少ないと思う。紀田の着目点は優れている。
　なお、学校給食からはそれるが、国民形成のための学校が、徴兵制のための
識字や立身出世型の要請だけではなく生活するのに必要な知識・技能を与えた
ことも忘れてはならない。食べることと日常の用に役立つ学びこそ、人びとは
必要としていたのである。紀田は、「現代からは想像しにくいことだが、初等
教育を受けていない女子が難渋したのは裁縫ができないことだった。当時鮫ヶ
橋尋常小学校の校長だった庄田録四郎は細民街の主婦の約五分の一がまったく
針を持った経験がないことを指摘している」。着物は自前で繕うのが基本であ
った長い日本の歴史の中で、それができないことは、繕っていないぼろを着る

厳しい生活を余儀なくされた。

政府による困窮した児童等への無償学校給食も始まる

　1930年、満州事変。1931年、満州国建国宣言。1932年5月、犬養毅首相、暗殺。1933年3月、三陸地方大津波が東北地方を襲う。この頃、農山漁村における欠食児童が目立つ。昭和10年代前半になると、教育費支出が町村税収の193％！になり、大半を占めた小学校教員俸給の国庫支出の依存率が60％以上である町村が6割をこえる事態となった。拡大する戦費のために国家財政は膨らみ、地方税はわずかなうえに、国から民生や教育にまわせる財政の余地は少なかったのである。

　1923年、文部次官通牒「小学校児童の衛生に関する件」によって児童の栄養改善の方法として学校給食が奨励される。1932年、文部省訓令第18号「学校給食臨時施設方法」、翌1933年、「学校給食臨時施設方法」により貧困家庭の児童への学校給食無償のための国庫補助がはじまった。校長が給食対象児童を選ぶ標準は、2項「イ、貧困ノ為就学免除又猶予中ノ児童ニシテ給食ニ依リ就学セシメ得ル者　ロ、不況ノ為食物ノ摂取分ナルニ依リ欠席勝ナル者　ハ、不況ノ為学校ニ於テ欠食勝ナルカ又ハ日常摂取スル食物（特ニ昼弁当）ガ養上著シク粗悪ト認メラルル者」であった。1940年、文部省訓令第18号「学校給食奨励規定」により、困窮した貧困児童だけではなく対象を栄養不良児、身体虚弱児にも広げた。しかし、戦争が厳しくなると学校給食事業それ自体も途絶えた。が、その後も農村部で細々と自主的に実施されていた。そしてよりましな環境を求めて、都市部から農山村への学童疎開が実施された。

　学校給食の実施と消滅は、1940年の第3次小学校令によって義務教育であった小学校の授業料徴収が原則禁止されたこと、また同年、教員の給料等の旧義務教育費国庫負担法が完成をみたことと同じ流れの中での事象である。それらはいわば焼け石に水であった。学校自体が工場となり、また勤労体験という名の強制的な児童労働によって教育自体も消滅していった。

　戦後も継続する教育行財政の骨格は戦中に定まった。総動員体制での水準を

上回る戦後の取り組みは義務教育での教科書無償と、高校授業料無償の二つである。第三の下からの突き上げが、学校給食費無償をはじめとする義務教育費完全無償である。

1942年3月、全校児童による兎狩りを催し、得た6羽をさばいて、翌日兎汁をふるまう国民学校も長野県には、あったのである[6]。兎追いしと歌われた兎狩りはたんぱく源の確保という実益を兼ねた子どもの遊びである。人々の生活と同じく学校を維持できる地方財政も破綻していた。食料事情が悪化するなど社会全体が崩壊するなかで、それでも戦争を継続しようとする政府は、「日の丸弁当」を強制する。『絵で読む 大日本帝国の子どもたち』[7]には、こんな話が載せられている。

> 「「赤く丸い、丸い物。お庭の国旗。赤くて丸い、まんなか丸い」。昭和12（1937）年から日中戦争の長期戦に備え、国民精神総動員運動が始まった。毎月1日を興亜奉公日として、その日は、学校でも節約の「日の丸弁当」（梅干一つ）がすすめられ、点検もされた」（昭和13（1938）年11月「キンダーブック 軍国の子ども」）。

しかし、節約の「日の丸弁当」を持っていけた子どもはどのくらいいたのだろうか。白いご飯の弁当を持っていけた児童ばかりではない。日の丸弁当が節約だと思っている当時の政府・支配階層は現実の深刻さをまったく知らなかったのだ。

学童疎開で蛇・沢蟹は貴重なたんぱく源

戦中の食料難の時代には校庭などで穫り入れた食材を保護者等が学校で調理して食事に提供することもあった。しかし都市部では食料の調達が難しく、また米軍の無差別空爆を逃れて学童疎開先でひもじさにも耐えた。親と切り離された疎開先でも待っていたのは厳しい食料事情であった。山梨県に疎開した練馬区立の尋常小学校の児童は一番つらかったのは食のことだという。宮本常一

は当時の記録を引用しながら次のように描いていた[8]。大豆の配給では食事の工夫がしようがなかった。副食として味噌汁に野生のニラやフキを自分たちで採ってそれを入れた。貴重なたんぱく源として青大将を殺し沢蟹を捕って食べた。農家に手伝いをして頂ける食事はごちそうであった。

「戦時下における食生活」を高早苗・菅淑江・大塚愼一郎が書いている。1943 ～ 44年当時の様子を婦人雑誌から取り上げている。少ない米と代替食品の炊事は難しい。そこでは各家庭ではなく地域で協力し合って卵や野菜、イモ類などの食材を持ちより協力して食事を賄った協力弁当（炊事）が実践され、それを食の社会化であったと位置付けている。その視点からいえば、学校給食も食の社会化といえるだろう。六大都市の国民学校で米7勺と味噌の給食がおこなわれている。戸塚第一国民学校では、一汁一飯を基本とし、昨日は配給された浅利、今日は西多摩国民学校生徒から贈られた野芹を入れた味噌汁に各自が持ち寄ったお菜での学校給食であった[9]。

『戦争中の暮しの記録』が暮しの手帖社から出版されている[10]。1968年8月の『暮しの手帖』特集号に、読者の手記を加えて保存版としたものだ。「若者よ ふたたびは かえらぬものを」と教室の風景が写し出されている。机の上には、若者に代わって、日の丸の下に「出陣○○○○君」と書かれた三角の札がいくつも授業に参加している。

「男は敵と戦い、女は戦争を戦った」、と中野マチ子は書いた。総力戦の時代。戦争を美化してはならない。

子どもたちは戦争が日常となるなかで必死に生き延びようとする。戦後も含め長い時代で、教科書は有償だった。買えない多くの子どもたちはどうしたのか。

「私の写した教科書」と題して、清水安子は、戦後探していたものをみつけた感慨を述べている。

「教科書にあらず、さし絵までまねて、拙いが一生懸命に書いた六年生のときの教科書の写しでした。当時教科書は知人のお古を借り、新しいのは四人に一

冊くらいだったかとおもいます。国語もうつしたのですが、一寸見当たりませ
ん。それもちゃんとした紙もなく、二つ折にして半紙の裏側を使って、綴じた
ものです」。

　教科書は手作り。そして食べるものがない。都市に住む子どもたちにとって
は、親と離され半ば強制学童疎開は生き延びるための修羅であった。そこもま
た飢える子どもたちの一つの戦場であった。梅田美智子（東京都）は思い返す。

　　「とにかく、おなかがすいた、真白な御飯など、とっくにお目にかかれなくな
　　っていた。大豆御飯、高粱御飯、キビ御飯…それに豆カス御飯が加わったとき、
　　おなかをこわす子が増えた。先生は、赤痢などの伝染病を心配して、「おなかを
　　こわした子はすぐに届け出なさい。友だちの下痢に気がついたら教えて下さ
　　い」と注意した。
　　　おなかをこわすと粥食になる。すると、その子の分だけ、御飯のわけ前が増
　　える。お粥だってシャブシャブで、とてもお腹のたしにはならないから、おな
　　かをこわした子は、こわしていないと嘘をついて御飯をたべたがる。そうはさ
　　せじとトイレで耳をすますのである。隣りでアヤシイ音がすると、すぐに犯人
　　をつきとめ、先生に報告する。そしてわずかに増えた御飯をガツガツたべた。
　　先生の注意があってからは、みんなますますトイレ番に精出した」。

　ひもじさから人の弁当を盗んで食べた子どもの話もある。いや、子どもたち
だけではない。「先生のピンはね」と山下隆男（熊本県）は書く。保護者がひ
そかに送った食べ物（送ってはいけないことになっていた）を没収した教員たち。
焼きつくような視線を何十と浴びながら舎監室にもっていかれた。「後で公平
にわけるからな」これが分けられなかったのである、と。
　食べ物の恨みは一生である。教科書もなければ食べるものもない。『戦争中
のくらしの記録』には、危機にあって噴出した理不尽な話が尽きることなく載
せられている。天災による飢餓だけではなく、戦争という人災による飢餓も忘

第2章　食の社会化

れられないように伝えられていかなければならない。そして災害時での人々の
ふるまいの様子も。

農村の子どもたち　味噌汁給食

　2005年4月1日に中野市と豊田村が合併した。新「中野市」は、長野県の北
東部に位置し、県都長野市からは鉄道によって約30、40分で結ばれている。
江戸時代天領として、幕府の直轄地であった。中野陣屋がおかれ、代官所の属
吏によって支配されていた。この地方の政治、経済、また文化の中心地であっ
た。そして、中野騒動という一揆で有名な地域であった。ちなみに、「兎追い
し彼の山」で有名な「故郷」の作詞家である高野辰之は、長野県水内郡永江村
（現中野市）に生まれている。

　戦時下に農村地帯でも食糧が乏しくなった。学校に持参する弁当の中身まで
調査される。とくに冬の間は十分な暖房もとれず、児童生徒の体力維持増進の
ために味噌汁給食を実施した長野県中野尋常小学校を紹介する。すこし長くな
る。出典は『信州中野小学校百年史』[11]。

　　「昭和18年3月には、町民あげての耐乏生活のなかで、地方事務所から「大
　　戦完遂への協力」として児童の弁当調査が義務づけられた。報告内容は1 米と
　　精白米の混合食とすること、2 その他、麦・野菜等との混合炊とすること。
　　1943年5月には県下の校長を集めて「満蒙開拓事業をすすめる件」が指示さ
　　れた。1944年1月10日、国民学校の戦時非常措置についての通達がだされた。
　　同年2月、決戦非常措置要綱が閣議で決定した。同年6月には長野県からの指
　　示として「陸海軍少年兵召集に関するすすめ」がだされている。マリアナ基地
　　を失うと、同年7月、「学童集団疎開並びにその経費に関する国庫補助」の通達、
　　同年8月22日、「集団疎開学童の教育について」の通達があり、集団疎開が始
　　まる」。

　1944年、六大都市の小学校児童約200万人に対して、米・みそ等を特別配布

して学校給食を実施した。農村部の意欲的な村では先に岐阜県の川上小学校の事例でみたように、持参した弁当に加え、味噌汁に具を入れて補食給食にしたケースが見受けられる。このような時代背景の中で実施された冬季味噌汁給食について、学校からの保護者への依頼通知によって具体的に知ることができる。味噌汁は和風のスープであり、大切な栄養源であった。

　　「冬季味噌汁給食に就いて
　　児童味噌汁給食を今月から全校児童に実施することに決定しました。（但し設備其他の関係上初六及び高等科は隔日）
　　お手数乍ら来る七日迄に汁椀布巾を又毎月受持の先生から指示された日に左記調理材料持参する様御配慮願います。
　　　　　　　　　　　　記
　　1　調理材料　毎月味噌　二百匁　野菜（なるべくいろいろのもの）五百匁（初六及高等科は右の半量）
　　右材料が如何にしても間に合わないお宅では受持の先生の許可を得て現品代として
　　　毎月六十銭
　　　昭和19年12月4日　中野国民学校
　　保護者殿」

　保護者から毎月、味噌と野菜とを集め、材料をだせない家庭からは60銭を集める。このように厳しい学校生活を、補食型の学校給食という工夫で乗り越えようとしていた。
　すでに、東京都足立区立弘道国民学校の児童179人が1944年8月12日に来着。各地から学童疎開により中野尋常小学校は2000人を超えるに至る。1945年5月22日、戦時教育令が公布され、中野尋常小学校もその年6月には軍需物資生産のため校舎貸与の申し込みがあり校舎の一部を貸与する。しかし準備するうちに敗戦となった。また兵舎の一部に転用して使用することも内諾している。

第2章　食の社会化

地域の教育のための公共施設は国家のために目的外使用とされる事態となり、地域から公教育が消されていった。このような内部崩壊は敗戦を必須とした。1945年8月15日、ポツダム宣言を受諾し無条件降伏。

2　学校給食の定着

味噌汁と脱脂粉乳との併用からの戦後学校給食

　中野小学校の学校給食をみながら、その後の学校給食の軌跡を追いたい。『信州中野小学校百年史』はつづける。アメリカからのミルクと従来からの味噌汁を併用した学校給食がはじまった。

　　「戦後、わが国の食糧事情はきわめて悪かった。占領軍（アメリカ）は、この実情を救援するために食糧の援助をおこなった。昭和20年10月学童の栄養補給として、アメリカの乾燥脱脂ミルクが配給され、学校ではミルク給食を開始した。

　　昭和27年には、県教育委員会でも学校給食に力を注ぐようになった。中野小学校では、給食従事者3人に依頼して味噌汁による学校給食を開始し、ミルクと併用の給食が行われた。味噌汁の中へ入れる野菜は、児童が庭から持ち寄り、野菜のないものは現金で納めるという方法がとられた。したがって、ジャガイモの収穫期にはジャガイモ、大根のとれる時期には大根だけの汁のみになるといったこともあった。

　　当時、専従者も不馴れなこともあって、ミルクを暖めて飲ませたところ、衛生上よろしくないということで保健所から呼び出されて警告されたり、味噌汁に塩さんまを入れたところ、塩からくて食べられなかったという話もあった。

　　昭和26年には、学校給食法が施行され、学校給食がしだいに重要視されるようになった。一般に完全給食への関心が高まり、従来の味噌汁給食等の補食給食から前進して、パンによる完全給食の実施に切り替えるところが多くなった。

29年７月から、専従者も男子２人、女子８人に増員され、パンとジャム、味噌汁の給食が行われた。まだ給食施設が不十分で、平岡小学校で味噌たき用に使っていた釜で味噌汁を作り、給食室も旧中央校舎の家庭科室を使用していた。

　32年８月、独立した給食室が完成して始めて完全給食が実施されるようになった。こうして、児童の体位向上、偏食の矯正、食生活の改善等が大いに期待され、40年６月からの中野学校給食センターによる給食が始まるまで続いたのである」。

　ミルクと味噌汁を工夫して併用した学校給食でなければ定着しなかったかもしれない。味噌汁は家から持ってきた弁当に合ったよいおかずなのだ。脱脂粉乳でご飯は食べられない。味噌汁に入ったジャガイモあるいは大根だけであっても口に合う。塩さんまが手に入ったのだろう、入れてみたら塩から過ぎた。戦後直後の混乱期を乗り切り、1950年代になると学校給食法の成立などもあって自治体でも本格的に学校給食事業に乗り出した様子が中野市の事例からもわかる。そして、給食室がない中で家庭科室を利用して、補食給食から脱却し、パンによる完全給食が始まる、それでも味噌汁は残っている。涙ぐましい在地の工夫である。だが、保護者負担は大きかっただろう。

　1957年に給食室ができて自校給食が本格的に始まる。それもつかの間、８年後の1965年には中野学校給食センターによる全市小中学校六千人の給食が開始された。長野県下でも初めての大規模な事業であった。

　では、たとえば月曜日のメニューを、比較してみよう（中野市学校給食センター所蔵の「給食センター給食献立表」の一部を書き下しにした）。

　1965年度：月曜日　コッペパン、脱脂粉乳、マカロニ、カレーシチュー、くだもの、熱量706キロカロリー、たんぱく質25.7g

　1973年度：月曜日　食パン、牛乳、フルーツサラダ、チーズかまぼこ、ピーナッツクリーム、デザート（冷凍あわゆき）。熱量922カロリー、たんぱく質25.4g、熱量が706から922キロカロリーと上昇している。次に学校給食費（食材費）の比較をする。１月にどのくらいだっただろうか。

第2章　食の社会化

　1965年度、低学年600円、高学年650円。1973年度、低学年1330円、高学年1450円。きっと食材なども相当に値上げされていたのであろう。21世紀の現在のように。

びくびくしながら学校徴収金を父母からもらう

　山形県山元村立山元中学校の二年生が、学校はどのくらい金のかかるものか、を調べた。それが無着成恭編『山びこ学校』に載っている[12]。1951年に刊行された詩・作文集は、綴り方運動のすぐれた成果物のひとつである。調査報告をしたのは1班班長の佐藤藤三郎など7名の中学二年の子どもたちである。調査のきっかけは、「今、私たちの家では金がなくて困っています。私たちが教科書の代金とか紙代とかをもらうにも、びくびくしながらもらわなければならないことが多くなりました」、という切ない経験からだった。子どもたちがつくった第1図によれば、「昭和23年12月から昭和24年11月までの」1年間の一人あたり平均支出は「学用品代2144.62円、本や雑誌、文化的出費264.87円、その他雑費414.59円、計2806.08円。湯の浜に旅行をしなかったら、学校で集めた金および学用品代はずっと減って、一人1月百12円5銭となる」という計算もしている。そして、

　　「この金がやれ「教科書代だ。」やれ「紙代だ。」などといって集められる金の
　　高なのです。私たちの村ではまだ給食をやっていないから、これぐらいですん
　　でいるのですが、もしも給食をやったら、もっともっとかかることだろうと思
　　います」。

と、新たな保護者負担としての学校給食費が加わることに、子どもたちもおびえるのである。そして家計を考えると、「半年雪の中にうずこもって働く炭の収入」に対しての割合をみると、その金の37.3%が私たちの小づかいに使われるのがわかった。こうして家計では限界があることから村がかける学校予算を計算する。丁度その頃、アメリカ占領軍は民主化と称して次々と改革を推し進

めた。国からの補助・負担をなくし、地方は自前で運営しろとのシャウプ勧告案を発表した。山形の山村の子どもたちの創意あふれる調査で明らかにされたのは、乏しい公的な学校教育費と保護者負担への転嫁の実態である。シャウプ勧告による財源なき地方自治の推進は、自治体を疲弊させ、新制中学校の校舎費用の捻出をめぐって首長の自殺や辞職を引き起こした。そして、学校を出ると、子どもたちは村を捨てて次々と都会へと出ていった。それは共和の思いが欠落して導入された民主主義の我欲に満ちた戦後版立身出世ではなかったか。つけた学力は村を捨てる学力として機能した。それに抗った一人の教員が兵庫県にいたのであった。東井義雄である。

村を育てる学力、村を捨てる学力

　　　「私たちはいつも考えている。
　　　もうちょっと広い道がほしいな、
　　　すぐいたんでしまう土の橋のかわりに
　　　鉄きんの橋がかけたいなあ、
　　　部落に一つずつくらい
　　　電話もほしいし、
　　　できたら山にトンネルぶちあけて
　　　村に
　　　いつも新しい風が通りぬけるようにしたいなあ。
　　　そのためには
　　　もっともっと農業のやり方も考え、
　　　村を豊かにする方法を考えねばならぬなあ」。

　『村を育てる学力』の冒頭にある小学六年生の合作の詩「私たちの夢」の最初の部分である。それは教室の壁いっぱいに張り付け、すべての勉強の目あてを、ここにおいた。明治以来今日まで、村を捨てる学力が主流であった。兵庫

県の小学校教員であった東井義雄が明治図書から『村を育てる学力』を上程したのは1957年のことであった[13]。戦後民主主義教育の最高の実践記録ではないかと、私はひそかに思っている。このなかには、ある母親の詩も掲載されている。「子によりて」との表題である。

「来年の教科書を注文する日
こどもがいった。
「おかあちゃん、
ぼくが今年使った本
○○ちゃんにかしたげるで」
おとなは、
自分や自分のことしか考えていないのに
こどもは
友だちのことまで考えていると思うと
はずかしいやらうれしいやらで」

　その後は古教科書の貸出を了承する母の気持ちが描かれている。詩は母親がうれし涙をにじませた、と結ばれている。しかし、書かれざる涙の後半があったのであると東井はいう。それは一家の経済を支配していた「おじいさん」が「うちのぜにで買うた本、人に貸さいでもええ」という厳しい言葉だ。その村の年寄りを「頑固な封建性」と批判するが、その我利々々主義は自分たちの実践している戦後教育も同じではないか、という反省に東井は気がつく。

　　「たとえば学習の能率を上げるのに、私たちはよく「競争」の方式を使う。教
　　室に「得点表」をはりつけて点取り競争をさせるくらいはいい方でひどいのは
　　「得点表」を印刷して親に配ったりまでする。「競争の渦」に親まで巻き込んで、
　　「あんな家の子どもにまけるようなことでどうするのか」と、言わせようとする
　　手である」。

そして、東井は考えるのである。

　「村の子どもが、村に見切りをつけて、都会の空に希望を描いて学ぶ、という
　のでは、あまりにみじめすぎる、と思うのだ。そういう学習も成り立つではあ
　ろうが、それによって育てられる学力は、出発点からして「村を捨てる学力」
　になってしまうではないか」。

　封建性を批判するその口が言う進歩的な装いのもつ戦後民主主義教育も、我
利々々主義として同じ心根ではないかと自省するのである。こうして最初に掲
げた「私たちの夢」に戻る。私たちはどうすればいいのか、と東井は問う。
　まだ、弁当持参の兵庫県の山村の学校である。六年生の樫本輝雄は詩を書い
た。

「かつお
けさ学校に来がけに
ちょっとしたことから、母といいあいをした。
ぼくは、
どうにでもなれと思って、
ぼろくそに母を言いまかしてやった。
母はこまっていた。
そしたら
学校で
昼になって、
母の入れてくれた弁当のふたをあけたら、
ぼくのすきなかつおが
パラパラとふってあった。
おいしそうにかおっていた。

それをみたら

けさのことが思い出されて、

ぼくはこうかいした。

母はいまごろ、

さびしい心で昼ごはんたべているだろうか

と思うと、

すまないこころが

ぐいぐいこみあげてきた」。

　母子のなかでも、我利々々ではない、東井の言うところのほんものが描かれている。「愛情弁当」などと薄っぺらな物言いは失礼である。

　別のエピソード。運動靴なども、「米」も「金」もないなかでは手に入らない。授業での体操では教員も子どもも、はだしより仕方はない。終わって学校の近くの小川で足を洗った。履物を忘れた東井はある子どもにおんぶして玄関まで行くことを頼んだ。その痩せた子どもは5、6歩歩いて座り込み、そのまま「よう負わんです」と言って立ち去った。それを東井は成績をつける権利を持っている受け持ちの先生に対して、いやなことはいやだといい、できないことはできない、とはっきり言い切れる人間、「これは偉い子だぞ、いまの日本は、こうした骨のある人間を、一番求めているのではないか」、と思い至る。そして、その子の生活日記の余白にその旨を書き記して渡したのであった。

　東井のすぐれた教育実践を語ることが主眼ではない。それは別の機会としたいが、教科書の話、弁当の話に共通する「村を育てる学力」の必要性だけは、学校給食の由来、そして未来を考える場合の根元におきたい。

3　国策としての食の転換

学校給食の普及の政策

　弁当から学校給食の転換は、これまでみてきたように飢餓状態の解消、そし

て困窮した家庭への福祉政策としての意義は大きい。同時に、学校給食の普及の国の意図を思う時には、その意図を見定めながら、道を探していくことが必要と考えている。

1946年12月11日、文部・厚生・農林三省の事務次官通達「学校給食実施の普及奨励について」が発せられた。1947年4月、六三制学校教育が始まる。一気に前期中等教育（新制中学校）のレベルまで義務教育を広げる無謀ともいえるものであった。その負担は自治体を疲弊させた[14]。

戦後教育が始まる時に、柳田國男は、「ずぬけた偉い者とか、村から他へ出てゆく者のみに力を入れて、村に住む人を忘れているような教育をやめて、村が真に一個の有機体、生活体になることを目標に「あたり前の村人」を育てる教育になって欲しい」と願った[15]。しかし、戦後民主主義では、ともにあることを喜ぶ共和の思想は重んじられなかった。自由民権以来、欧米思想を輸入するにあたって欠落した思想的視点である。そして、村を捨てる学力を注入しつづけた。

アメリカ追従の国策に翻弄される

1946年5月1日、「働けるだけ食わせろ」がスローガンの一つであった食糧メーデー、それにみられる騒然とした戦後社会がはじまっていた。同年、アメリカの慈善団体ララ（LARA、アジア救済連盟）によるアジア各地に食糧、医療品の提供があった。日本にも同年12月、食料の提供があり学校給食実施の復活に役立った。1949年10月、国際連合児童基金からのミルクの寄贈を受けてユニセフ給食が、次いでアメリカの占領地域救済政府資金（ガリオア）による給食がはじまった。が、1951年、講和条約の調印に伴いガリオア資金が打ち切られ、学校給食の危機が訪れた。1954年、第19回国会で学校給食法が成立、公布。1956年には中学校にも学校給食法が適用拡大され、準要保護児童に対する給食費補助も規定された。

1956年、米国農務省と関係したオレゴン小麦栽培者連盟とタイアップした日本食生活協会がつくった通称「キッチンカー」が全国をまわってアメリカ風

の食生活への改善を訴えてまわった。それは戦場となった欧州やアジア各地が農業も壊滅した中で無傷であったアメリカの農産物も1948年になると余剰農産物を抱えるようになったからである。

1961年、へき地におけるミルク給食施設設備費及び夜間定時制高校の夜間給食に対する補助制度も始まる。1962年1月、ガリオア・エロア（占領地域経済復興援助資金）の援助額17億5000万ドルのうち4億9000万ドルを返済する協定に政府は調印した。返済する債務だったのだ。善意だけではなかったのである。貧困ビジネスといっては失礼だろうか。

1963年になると文部省体育局長から「学校給食米の取扱いについて」との通達がだされる。学校給食一つとっても、他の学校教育と同様に、子どもの健全な育ちのためではなく、農業政策の一環として、その大口需要先としての期待から展開していたと考えることができる。

プラカード事件

『おたまさんのおかいさん』[16]の資料編「雨にも負けず」には、プラカード事件が描かれている。1959年のある日、

> 「小学生が泣いて帰ってきました。給食代とPTA会費を学校に持っていかないと、「給食代忘れた子」「宿題忘れた子」などのプラカードを胸にかけて、運動場を走らせられたというのです。親の少ない収入では教科書も学用品も買えないこと、狭い家では勉強をしたくともできない現実のくやしさを話しました。驚き憤った青年たちは、「ムラの子どもはこれでいいのか」と親たちを説得し、学校と話し合って先生方にも事情をわかってもらいました。そして、ほかのムラの人びとや先生とも一緒になって、大阪市教育委員会と交渉しました。小学生も参加し、「学校での差別をやめてほしい。勉強できるように本や学用品、給食代をください。」と訴えました」。

そして、日之出子ども会はこんな教育闘争の歌をつくり、「練監ブルース」

の替え歌で歌った。

　　「おれは学校へ行きたいが　給食代が待っている
　もしも払わずいるならば　先生やみんなの目が光る」

　日之出子ども会だけではない。部落解放闘争の一環として闘われた高知県長浜の教科書無償運動のように全国各地からも声が上がり地元の教育委員会と団体交渉をおこなった。やがて、1963年に教科書無償を実現させたのであった。しかし、学校給食費の無償は今日まで積み残された課題となっていた。それを求める取り組みが、疫病、大規模な自然災害、そして世界各地で勃発している戦争の21世紀の現在、全国的に広がっている。口をあけて待っていても、良きことは起こらない。学校給食費無償を足掛かりとして、すでに学用品など補助教材費の無償を実現した自治体も現れている。必要な無償は学校給食だけではない。

筑豊の子ども

　土門拳『筑豊の子どもたち』について、野間宏はまえがきで書いている。「日本汚染列島と重なりあう日本の黒い山」、と。

　つづけて「1973年秋に日本をおそった石油危機によって、日本経済はその高度経済成長期の終末を迎えることとなる。石炭産業を犠牲にした重油、石油、原子力その他のエネルギー源による日本の大重工業政策は、もはや、その高度経済成長を支える一切の条件を失っている。石炭産業を犠牲にした大重工業政策は、水俣病を生み、大気汚染をすすめ、瀬戸内海を死の海にし、日本を汚染列島にしたのである。筑豊の一切を奪いとったものがこれである」。

　土門拳の写真集の「7 弁当を持ってこない子」には弁当を食べている隣で雑誌「リボン」や「小学一年生」をひろげている子どもが写っている。表情を消した子どもの顔をみるのは耐え難い。

　　「弁当を持ってこないこどもの顔は、写さないでほしいと校長先生は気を配っ

第2章　食の社会化

ている。問題児たちは雨が降ると学校を休む。特に給食の必要が感じられる栄養失調気味のこどもが弁当を持ってこないのだ。弁当を持ってこないこどもは絵本を見ている。弁当を持っているこどもたちは何かのひょうしでどっと笑っても、弁当を持ってこない子は絶対にそちらを振りむかない。そのこたちには、何も関係がないかのように振りむかないのだ。目のやり場に困るから絵本を見ているのだ。弁当を持ってこないこどもは、クラスに2～3人の平均でいる。閉山した田中新庄炭鉱をその校区にもつ田川市のある小学校にて」。

　学校給食が必要な地域こそ、設置者である自治体の資力がない為に実施できなかった。閉山の渦中にあって、総資本対総労働の構図が取られ、また地域ぐるみの闘争がおこなわれた。資本に味方する商店からは買わないのである。このような爪痕が戦後日本の各地に刻まれている。地域内対立の構造に再び目を向ける必要がある。

学校給食事業への相次ぐ合理化の大波

　学校、そして学校給食をみれば、対立は思想対立以上に、経済優先か地域の子どもを含めた民生重視か、である。食材費等の保護者負担による学校給食事業が広がると、政府は農業政策と連動した米飯給食を実施し、また人々の切実な要望で膨らんだ自治体の事業。それを政府は合理的ではないとして縮小、業態変化を迫るようになる。学校ごとに、子どもたちの様子をうかがいながら調理できる自校給食から規模の大きさを求めて共同調理方式への転換を推進したのである。

　1964年、学校給食共同調理場の施設設備の補助制度が設けられ、自校給食だけではなく共同調理へ誘導した。1976年、米飯給食が導入される。コメ余りが深刻になったための大口需要先に選ばれたためで、子どものためのよりよい給食のためではなかった。1984年、臨時行政調査会は学校給食の事業合理化、国の助成措置の見直し等の最終答申をだす。翌1984年、総務庁が学校関係業務の簡素合理化について勧告、文部省は1985年に、体育局長通知「学校給食

73

業務の運営の合理化について」をだす。また同85年には伝統的食習慣を教えるとして米飯給食の週3回が目標とされている。1986年、臨時教育審議会から学校給食を通じて家庭の教育力の活性化を図るとの第2次答申がだされ、臨時行政改革推進審議会の最終答申は一層の学校給食の合理化等の推進が指摘された。これを受けて、学校給食事業の民間開放の流れが生じ、自治体雇用の学校給食調理員が学校で調理する学校給食制度が崩れていく。1992年にも総務庁から「学校給食業務の運営の合理化」及び「学校給食用物資安定供給基金の有効活用」について勧告がだされた。

　1994年度、米の作柄不良により、学校給食用米穀に自主流通米が期間限定で供給された。1996年、学校給食用米穀（政府米）の値引き率が変更（週3回以上の場合は50％から47.5％へ、など）、そして自主流通米の助成金の率も変更する[17]。

　1996年、腸管出血性大腸菌O157による食中毒事件により児童が死亡する。これを受けて安全管理について緊急点検や1997年には学校給食衛生管理の基準が定められる。

　京都市立中学校給食は選択制で校外調理委託方式によって実施されている。2008年4月に調理した赤飯のうるち米の一部で中国産の事故米が混入していた。47校5254食の喫食数であった。調査の結果、残留農薬の濃度は最大0.05ppm以下。事故米の不正転売が学校給食にもだされていたが、それが判明したのは9月になってからのことである。2008年12月、文部科学省は、地方からの委託炊飯であると米飯一人分で10円ほど高くなるとの嘆きの声がでても、23年ぶりに週4回を目標に設定した[18]。それが政府のいう「合理化」の姿である。誰のための合理化であったのか。

教育としての学校給食

　1958年、学習指導要領の改訂により、学校給食が学校行事の領域とされた。1968年、小学校学習指導要領の改正により小学校の学校給食は特別活動の学級指導に位置づけ、翌1969年の中学校学習指導要領により中学校でも同じ位

置づけとなる。1989年、小・中学校の学習指導要領が改正され、学校給食は特別活動の中の学級活動に位置づけが変わる。

2005年に食育基本法が制定され、2006年に食育推進基本計画が策定され、「食育」が強調される。基本法第7条には伝統的な食文化、環境と調和した生産等への配意及び農山漁村の活性化と食料自給率の向上への貢献が述べられている。

文部科学省は、「子どもたちが食に関する正しい知識と望ましい食習慣を身に付けることができるよう、学校においても積極的に食育に取り組んでいくことが重要となっています」、とHPで謳っている（2024年5月2日閲覧）。国が食事内容やマナーなどの個人的な領域にまで介入してよいのかとの疑念もわく。何が正しい知識であり、望ましい食生活なのかも、あやしいのは日本だけではなく世界中でのことであり、正解のない課題だろう。また、ファーストフードが氾濫する中で、その歯止めをする姿勢もみえない。個人的な領域までの介入がはたして、その意図があったとしても、できるのかとも思える。所詮、栄養教諭制度導入や学校給食制度についての予算獲得の仕掛けの意味合いが強いと感じられた。北海道の小学校では、学校給食の時間は「学校で一番忙しい時間」だという。「教員にとっても、子どもにとっても、小学校の時間帯で一番忙しい時間があります。給食の時間です。あらゆる時間が「点数学力」のために使われ、そのしわ寄せが給食時間に来ているのです。…早くて12時30分ころから「いただきます」をして、12時40分に「お代わり」、12時50分に「ごちそうさま」です。給食時間はスムーズに行って15分強というところでしょうか。

それから急いで後片づけです」[19]。これで食育となっているといえるのだろうか、疑問である。このような実態は北海道だけとは思えない。またその実態を保護者は知らないだろう。

2005年、食育基本法の公布や栄養教諭が制度化される。翌2006年、食育推進基本計画を実施（朝食欠食率4％を2010年に0％。地場産物使用割合は2004年度全国平均21％を2010年食材ベースで30％とする目標値の設定）。2008年、小・中学校学習指導要領の改訂で、総則に食育の推進が盛り込まれた。現在、2021年策定の第4次食育推進基本計画（目標値として学校給食における地場産物の使用割

合（金額ベース）を2019年度全国平均52.7％から2025年度90％以上（43都道府県以上）。学校給食における国産食材の使用割合（金額ベース）を2019年度全国平均87％から2025年度、90％以上（43都道府県以上）へ、など）を実施中である。数値目標を打ち上げて、そこに人びとを駆り立てるが、そのための財政的な仕組みは整えない。

　この実施計画に国産食材、地場産物だけではなく、有機食材の使用率も加えるべきと考える。ちなみに、食料自給率は2022年、カロリーベースで38％（食料国産率（飼料自給率を反映しない）47％）、生産額ベースで前年度より5ポイント低い58％（食料国産率（飼料自給率を反映しない）前年度より4ポイント低い65％）である。2020年3月に閣議決定された食料・農業・農村基本計画では2030年度までに、カロリーベース総合食料自給率を45％、生産額ベース総合食料自給率を75％に高める目標を掲げている。安全保障を考える場合、国家のではなく民のための安全保障という視点をしっかりと持つことが大切だ。この視点から学校の安全保障を論じた刊行物を編んだ。そのなかで「学校給食の安全保障」を検討している[20]。

文部科学省の実施状況調査からみえること

　現在の状況は、文部科学省「学校給食における地場物産及び国産食材の使用割合（2022年度）」によれば、金額ベースで、全国平均は地場物産56.5％、国産食材89.2％である。地場産物の使用割合が高いのは山口県、栃木県、鳥取県、島根県がいずれも75％以上。低いのは東京都、大阪府でいずれも10％以下である。国産食材の利用率が高いのは山口県、大分県、島根県、鳥取県、長野県でいずれも95％以上である。一番低いのは沖縄県の75.5％である。

　文部科学省「令和3年度学校給食実施状況調査」の結果をみると、国公私立学校の学校給食を実施している学校数は2万9614校、実施率は95.6％。そのうち補食給食、ミルク給食以外の完全給食実施割合は94.3％である。前回調査では93.5％である。ただし、中学校の実施率は相変わらず低い。実施率は91.5％（前回86.6％）。

第2章　食の社会化

　そこで都道府県別に完全給食実施率の低い地域をみる。公立中学校での実施状況（第5表）によれば、全国平均96.1％である。福島県、茨城県は100％。佐賀県75.3％、京都府81.3％、神奈川県82.3％、岩手県84.6％、滋賀県85.4％の5県を除いて他は90％台である。文部科学省が学校給食無償を実施しない理由のひとつは、この中学校で完全給食未実施の3.9％の学校の存在であると考えられる。学校給食無償を政府・文部科学省に迫る場合、この3.9％の解消が大事なのである。特に学校数の多い神奈川県が注目する県となる。

　実施率と学校給食の実施形態は同時にみていく必要がある。これらの府県では弁当持参か、本人・家庭が業者へ直発注してデリバリーしている学校数が相当あると想定される。なお、業者直接への個人発注では学校が介在していないので、学校給食実施とはみなされない。そこでは学校給食費も就学援助の項目であるにもかかわらず、就学援助として給付されていない可能性がでてくる。

　ここで簡単に学校給食の実施形態を分類する。学校給食には「自校給食」の形態、近接の小中学校がどちらかの学校で調理してもう一つの学校へ運ぶ「親子給食」の形態、さらに広域の「共同調理場」の形態、なおこの形態には公立公営、公立民営、民立民営（完全民間委託）、がある。1985年、中曽根政権が、非正規調理員の採用、自校方式からセンター方式へ、そして給食の民間委託への転換を求めた通知をだした。その検証が「令和3年度学校給食実施状況調査」である。

　文部科学省通知にそった方式だと、大量調理、学校までの運搬のための調理時間の制約、そして食材等の大量一括調達による合理化が可能である。その分、食材のチェックはたいへんになる。すでに2014年10月30日、週刊文春は「学校給食に中国食材！」栄養士・調理師が選んだ「本当は使いたくないワースト15」をとりあげていた。使いたくなくても大量調達に応じられるのは商社などに限られる。地元の小規模農家は、大規模共同調理場からの受注を受けることは困難である。

横浜市中学校給食実施への動き

さらに学校があっせんする形での「デリバリー」の形態もある。横浜市の中学校の学校給食実施に向けた市民の取り組みの歴史は長い。毎日新聞によれば、「横浜学校給食をよくする会」は給食実施を求める署名を毎年2〜3万筆提出してきた。しかし、市議会では給食を求める市議の質問に、ほかの議員から「親の責任だ」「家庭の愛情の問題」などのヤジも飛んだ、という[21]。本音は他の自治体で実施している自前の学校給食事業には多大な経費がかかるために、いまさら実施したくないという意図だ、と容易に見当がつく。

横浜市では林文子市長のもとで編み出された業者弁当、通称「ハマ弁」が学校給食の代替えとして実施された。2016年度事業報告書を基に計算すると、事業運営費約4億円のうち市の補助金が約3億円、注文数が約4万7000食、1食の公費が約6300円にも上がる計算であった[22]。考えられない不思議な数字である。それでも「ハマ弁」の2019年8月、過去最高水準であっても喫食率は5.6%にしかならなかった[23]。

2021年8月、カジノとともに中学校の学校給食実施が焦点となった市長選を制した山中竹春が市長になる。横浜市は2023年12月27日、市立中学校で2026年度から実施する全員制デリバリー型給食の事業予定者が決まり、1日8万1000食を供給できる見込みになったと発表した。まだ先が長い。中学校での全員の学校給食実施が神奈川全域に広がり、未実施がなくなることで、政府が学校給食無償をしない理由の一つが消えることを期待したい。

学校給食実施形態と問題点

「学校給食実施状況調査」の分類項目では単独調理場方式、共同調理場方式、その他調理場方式の3形態である。小学校では52.3%が、中学校では61.7%が共同調理場方式である。それ以上の詳細はわからない。

ただ、共同調理場の規模は500人以下が34.6%。しかし1万1人以上2万人までの巨大共同調理場が25か所、1.1%もある。5千人以上2万人の大規模共同調理場は207か所、8.9%もあるのだ。確かに学校給食実施だが、そこで供される

給食は大量生産方式の工場生産の「加工品」ではないか。

　食中毒がいったん発生すれば大規模な被害が起きることが容易に想定できる。事実、2020年6月28日、埼玉県八潮市において給食を提供していた協同組合東部給食センターが運営する八潮工場による、全15校の児童生徒6922人中3453人に及ぶ大規模な集団食中毒が発生している[24]。

　確かに集中大規模化すれば加工・調理の効率化は可能だろうし、低価格の学校給食を提供するにはやむをえない選択であるという判断もありえる。しかし、それは大きなリスクを同時に背負うものである。子どもの命と低価格とを天秤にかけてよいものだろうか。しかも、給食の中身も大量調理のために食材は規格化した、そろった野菜類が好まれることになる。そして地産地消を担っている地域の小規模農家は学校給食の提供に参加しにくいのである。それが端的にあらわれるのが有機農法で生産された食材の使用である。学校給食で何を食べさせたいか、そのためにはどんな仕組みが大切か、そのためにはどんな予算措置をするのか、具体的な検討段階に入る時期に来ている。

有機食材の学校給食使用

　「今で言う有機農法に当たる農法は、「自然農法」「無の農法」などの呼び名で戦後間もない頃から試みられていた。各種の農法は少しずつ異なるが、共通点は化学物質に依存せず、有機物による土づくりを重視することである。それらの農法は総称して「有機農業」という言葉が定着したのは、有機農業研究会の発足によってである」と『食と農の戦後史』で岸康彦はいう[25]。有機農業は欧米で使用されていた「organic gardening & farming」の直訳である。1974年に有吉佐和子が朝日新聞に連載した小説『複合汚染』で有機農業がしばしば紹介されて広く認知されることとなった。EUでは1991年、有機農業の統一基準として「有機農業とそれに対する農産物及び食品の表示に関する理事会規則」が作成されている。1994年に農林水産省が環境保全型農業推進本部をつくった。有機農業は厳密には無農薬・無化学肥料の農法である。推進本部発足に際して、環境保全型農業は、「生産性との調和などに留意しつつ、土づくり

等を通じて化学肥料、農薬の使用等による環境負荷の軽減に配慮した持続的農業」と定義した。

「全国オーガニック給食フォーラム」の実行委員長太田洋（千葉県いすみ市長）は、『広がるオーガニック給食』26（2022 October）において、以下のように胸を張った[26]。

> 「次世代を担う子どもたちには、なるべく体に良いものを食べさせたい。全ての大人たちに共通する願いです。有機農産物は生産する農家はどうでしょうか。安心・安全な農産物が子どもたちの健康に役立つのなら、こんな嬉しいことはないはずです。
>
> いすみ市の有機米100％の学校給食は、このような純粋な想いから始まりました。これには市民も議会も全く反対せず、今では、市民の大きな誇りになっています」。

太田洋いすみ市長のこの気持ちが、学校給食に関係する人たちに、じりじりと広がり、底力がつくと、一気に様々な要素が整って来る予感がする。『広がるオーガニック給食』は良いパンフレットである。

なお、千葉県は畜産業も盛んである。農畜産業振興機構のHPには、「酪農が盛んな千葉県で循環型酪農に取り組むとともに、自家製乳製品の製造販売による6次産業化を実現〜千葉県いすみ市の高秀牧場〜」が、紹介されている（2018年11月更新）。

点から線へ、線から面へ、そして全国

まだ点としてしか存在しないがやがて線となり、面として広がることが期待できる。このパンフレットには全国の水田の2％を有機にすれば、全国で100％の有機米給食が可能という数値を掲げ、課題を挙げている。一つは安定供給。二つに調理現場負担。三つに予算である。

たとえば「JAもオーガニックでなければ生き残れない」とJA常盤組合長の

秋山豊はいう。大変勇気ある発言と思う。茨城県は関東一の農業地帯、そこが動くことで大きな流れができる。「学校給食中心に有機農業の振興を選びました」。「学校給食への食材提供は、アグリサポートが9割の見込みです。来年は有機認証を取る予定で、そのほとんどは給食提供になる予定です」、とのことだ。アグリサポートはJA常盤の子会社で有機野菜の生産をはじめ、2022年7月に市内小中学校にジャガイモの提供をしている。

　課題の三つ目の予算は大きな節目を迎えている。それは農業生産者への誘導的な予算措置だけでなく、学校給食そのものを保護者負担から公的予算による食材調達への大転換である。

　この『広がるオーガニック給食』26（2022 October）パンフレットの予算の項目は全国76自治体としているが、現在、さらに改善され無償自治体は2024年11月では611自治体（35.1％。一部無償を加えると55.9％）である。この実態把握はすでに前章で述べたとおりである。私たちが長年取り組んできた学校給食無償がただならぬ勢いで広がっている。茨城県（44）は日立市、土浦市など無償自治体17、一部無償14で無償化率は70.5％と高い。隣の千葉県は一部無償が多いとはいえ無償化率は100％である。茨城県でも100％無償化が望まれる。

　現場からの声がつづく中で、広がるコツみたいなものがわかってくる。ひとつは千葉県いすみ市のように2万円／kg以上で買い上げてほしいと、先進事例を引いている。そのいすみ市の市農林課主査鮫田晋は豊岡市という優れた先進事例に学んだこととともに、有機農家と慣行農家との対立軸をつくらないと語っている。これは顔がみえる範囲の在地でともに農業をする人たちにとって最も重要なことである。2017年には市内の学校の給食の米を100％有機米にし、有機野菜も使用している。これはすごいことだ。そのいすみ市は2022年から学校給食無償を実現した。学校給食無償は地産地消の有機食材で自校給食を実現するための基盤であることもすでに述べた。

　そして、「農水省によると、学校給食に有機食材を使う自治体は22年時点で193と全市町村の1割を超えた」と日本農業新聞は伝える[27]。茨城県のJAは学校給食の有機米使用を支援し（「オーガニック給食 農業にも変化」朝日新聞2024

年11月28日）、使用する農薬も切り替える方針を示している（「使用農薬切り替え方針　JAグループ茨城　ネオニコチノイド系脱却、コウノトリ飛来効果も」茨城新聞2024年10月9日）。

今治市の食と農のまちづくり

　学校給食で有機食材を使用するためには自治体としての基本姿勢も明らかにする必要もあろう。通称「オーガニックなまちづくり条例」を制定した千葉県木更津市がある。また、愛媛県今治市が1988年に「食料の安全性と安定供給体制の確立する都市宣言」をし、「食と農のまちづくり」条例を制定した。条例第7条「市は、農林水産業者及びその関連する団体等による安全な食料の生産の拡大及び食品関連業者等による安全な食料の生産の製造、加工、流通及び販売の促進並びに市内の安全な食の消費の拡大を図るため、地産地消の推進に努めるものとする」。

　その「食と農のまちづくり」条例第7条2、3項で次のように学校給食に関して定めている。「2項　市は学校給食の食材に安全で良質な有機農産物の使用割合を高めるよう努めるとともに、安全な今治産の農林水産物を使用し、地産地消の推進に努める。3項　市は、学校給食の食材に遺伝子組換え作物及びこれを用いて生産された加工食品を使用しないものとする」。

　今治市の様相については、安井孝が2010年に『地産地消と学校給食』ですでに丁寧にまちづくりを語っている[28]。今から13年も前の本である。学校給食に地元食材を使うための農家の工夫も重要として五点を挙げている。一つは大きな品種を選ぶ。皮むきに手間が少なくて済むように。二つに出荷時期はなるべく長くする。注文数量は小口で長期間だから。三つに収穫物の保存期間は長くする。四つに夏休みは学校給食がない。他の販売先の確保。五つに、学校行事の実施は天候次第ではキャンセルになる。逆に天候不順や病害虫の影響で欠品が出ないようにする。このような学校給食の実態に合わせた順応力が求められる。

　2009年には、有機農産物を使っているにもかかわらず市町村別学校給食費は1食当たり小学校210円、中学校240円と県内最低であった。原油高で小麦

価格の暴騰などもあったが、今治市としての多大な財政措置もあった。大規模学校給食センターから自校給食に変えた2006年には有機農産物の種類はそれまでの約40種類から65種類に増えた。調理員一人当たり調理数は約70食と学校給食センター時代の三分の一となった。そのため規格がそろわず調理機械が使えなくても、手作業で対応ができた、と書かれている。

ただし、2016年、今治市のある中学校で学校給食費等約1000万円がPTA雇用事務員によって着服された。この中学校では私費会計制度、さらに1年分前納であるという保護者負担の多い給食会計であった。地産地消の学校給食を実施するには、このような保護者負担ではなく、無償化にすることが安定的な基盤をつくることにある。愛媛県（20）は2024年11月現在、学校給食費の公会計化はわずか5自治体、無償も四国中央市など2自治体、一部無償4自治体の計6の30％でしかない。今治市は高い理念のもとに先導的に学校給食だけではなくまち全体での次の発展をめざしている、その基礎のためにも学校給食費の公会計化・無償化への改善は重要と思える。学校給食費無償は安全で安心の学校給食をするための土台である。長野県（77自治体）では御代田町、軽井沢町、坂城町など21自治体が学校給食費完全無償。軽井沢町は2024年、教育大綱の改訂で新たに学校給食への有機農産物を活用する取り組みの文言を加えた。

保護者の意見の尊重を

パンフレット『広がるオーガニック給食』26（2022 October）の中で鈴木宣弘は「ローカルフード（地域のタネからつくる循環型食料自給）条例」や全国の小中学校給食の無償と資材価格の暴騰で困窮している農家支援に「食料安全保障法」を早急に制定することを求めている。同じページで内田聖子は「地域戦略としての給食」として無償、自校給食、再公営化を主張している。

私は先ず保護者の意見の尊重を主張したい。いかに良い施策であっても、大衆的な合意のための場をつくらねば、容易には広がらない。学校給食でどんな食材でどんな形で保護者負担なく提供してほしいか、保護者には思うことはたくさんある。給食を食べる子どもたちだって思いはある。その意見を尊重しよ

う。もっとも大事なことは当事者たちの寄りあいをへての実践である。文部科学省が定める「学校給食衛生管理基準」（2009年4月1日施行）にはこのように書かれている。「第3 調理の過程等における衛生管理に係る衛生管理基準」の「(2) 学校給食用食品の購入 ①共通事項 一 学校給食用食品（以下「食品」という。）の購入に当たっては 、食品選定のための委員会等を設ける等により、栄養教諭等、保護者その他の関係者の意見を尊重すること。また、必要に応じて衛生管理に関する専門家の助言及び協力を受けられるような仕組みを整えること」。保護者の意見を主張する場をつくること、それを尊重することは文部科学省の基準でも明記されている以上は、これを有機食材の使用の柱の一つにできるだろう。

4 英国、米国、韓国そしてスペイン

英国─階級社会の中で

　河上肇の『貧乏物語』を読む。戦時景気に酔う第一次世界大戦下の日本で、河上は「貧乏物語」を大阪朝日新聞に連載した（1916年9－12月）。岩波文庫版の解題で大内兵衛は「数十万の読者の絶賛を博したものである。今日初老を過ぎたインテリにしてこのことを記憶しない者はないであろう。そして彼らのうちで、いわゆる社会問題について多少の見識を有すると自負するほどの者ならば、必ずやこの書によって開眼せられたことを告白するであろう」、と記している。また、河上自身も「自分では今日までの最上の著作だと思う」、と述べている。当時のインテリが『貧乏物語』読後に、日本の学校給食普及そしてその無償化にどの程度寄与したのかは残念ながら不明である。インテリ仲間で盛り上がっても、社会を動かすことにはならない。

　河上は貧乏人をPauper、被救恤者の意味で使う。彼は言う。世界最富国の一たる英国の状態をみるとイングランドの貧民で公の救助を受けている者は約三人に一人である。そして、少なくとも、今日の西洋における貧乏なるものは、いくら働いても、貧乏を免れぬぞという「絶望的の貧乏」なのである。日本の

尋常小学読本に「働くことがなければ食物も買われないし、着物もこしらえられない」、とあるが、今日の英国をみると「これは誤解又は虚偽である」、という。さらにはこんなこともいう。ダントンのいった言葉「パンののちには、教育が国民にとって最もたいせつなものである」を受けて河上は、「その教育の効果をあげるためには、まず教わる者に腹一杯飯を食わしてからかからねばならぬ」、と語る。

　そして1906年にイギリスで「食事公給条例」が議会で通過したことに繋げる。この食事公給条例に基づいて実施したブラッドフォード市では、「通学児童は何人にても自由に食事の給付を受け得らるれども、ただ無料にてこれを受けんとする者に対しては、委員においてその児童の家庭の状態を調査し、その事情に応じて無料の給与を許し、あるいは実費の一部ないし全部を納付せしむることとす。児童はその社会階級のいかんを問わず、すべていっしょに同じ食堂で食事を摂る。無料にて給与を受くる者も、実費の一部または全部を負担する者も、すべてその間に取り扱いの差違を設けず。従うて児童自身は互いに全くそれらの消息を知らぬのである」。

　河上がいう1906年の学校給食制度は学校給食の奨励にとどまるものであった。櫻木晴子の「19世紀以降のイギリスにおける学校給食」[29]によれば、1944年になると英国に教育法ができて、自治体が公立校生のすべてに給食を与える義務をおうこととなり、1974年の労働党政権によって学校給食の全費用を公費が使えるように改善し、あわせて学校給食の栄養基準に基づいて充実した。その後、ごく一部を各家庭が負担することもあったが、それが破棄されたのは1979年に発足したサッチャー政権によってである。新自由主義の始まりである。

　イギリスで学校給食無償が始められた20世紀初頭前後にはフランスをはじめヨーロッパ各国で学校給食が試みられている。やや遅れてアメリカでも実施した事例がある[30]。

　1967年の4ヶ月間、京都大学の一員としてイギリス農村の調査に家族と一緒に出掛けた時の、子どもが通った小さな小学校の様子を描いたのが加藤秀俊

『イギリスの小さな町から』である[31]。1967年当時のカソリック教区学校はその財政の85％を国庫から補助され、教会は15％を賄うだけ。校長とほかに4名の教員が130人の生徒を教えていた。「朝八時四〇分になると、彼女たちがやってくる。教科書もその他学用品は学校に置いたままだから、完全に手ぶらだ」、「教科書、学用品はすべて無償だ」。

　サッチャー政権になるとやや様相が違う。発達心理学者の野村庄吾の『スコットランドの小さな学校』[32]では、エジンバラの小さな小学校で、子どもを連れて初めて校長と会った日、聞かれたことは「学校の給食を食べるのか」ということ。給食を食べる、弁当を食べる、帰宅して食べる者が三分の一ずつ。給食を希望する週は月曜日にまとめてお金を支払う。

　留学等での英国の小学校体験が重なったついでに、宇沢弘文の『社会的共通資本』（岩波書店、2000年）に出てくる本人のケンブリッジ大学での興味深い留学体験を読んでみた。彼は言う、ケンブリッジ大学のカレッジは大学の理想像に近いものであった。社会的共通資本としての大学のあり方を考えるとき、心のなかで描いていたのは、このカレッジのイメージであった。しかし、日本に帰るか、ケンブリッジに残るという選択を迫られたときに、残らなかったのは一つに潤沢な基金の配当で成り立つその大部分が「かつての英領植民地ローデシアにおける投資からなりたっていた。イギリスの植民地支配は、人類の長い植民地の歴史のなかでも、きわ立って残虐、陰惨なものであって、人間を徹底的に搾取し、自然を破壊しつくした。その搾取と破壊を考えざるを得なかったからである。二つにカレッジのフェローたちの大部分が持っていた、エリザベス女王の騎士として英帝国を守っているという意識であった」。こうして宇沢は日本に戻ってきた。その行動に誠実さを感じる。

「教育を　教育を　教育を」

　サッチャー以降、再び政権の座に返り咲き、第三の道を歩んだブレア労働党政権。成長も福祉も目指し、とくに「教育を　教育を　教育を」と叫んだのであった。

経済成長の中で拡大する貧困層、その中で子どもの貧困をなくす方策が次々と打たれた。その施策である「エクステンディッド・スクール」を分析したのが山口伸江の「公教育に期待する福祉的役割」『公教育改革への提言』である[33]。山口によれば、エクステンディッド・スクールは子どもの学習・活動だけではなく、子どもに関わる全ての改善を目指し、家族、地域へと支援を拡張している点である。学習等の活動、チャイルドケア、親へのサポートなどの5点が主なサービスである。食生活の改善が子どもの学校、家での行動の改善につながることから、学校で朝食サービスを実施している。再び政権は移動する。2010年5月、保守党と自由民主党の連立政権は、公設民営の一形態であるアカデミー法を成立させ、従来から労働党の影響の強かった地方当局の管理から外した。カリキュラムなど大幅な自由を保障した。さらに公設民営学校の中でも私経営の自由度が高く、地方当局の認可を得ることなく設立できるフリースクールも設立可能となり学校の多様化が進んでいる。その後もアカデミーは広がり、チェーン展開もみられた。公教育の市場化である。

再び新自由主義的な学校制度が展開するイギリスでの生活を描いたのが『ぼくはイエローでホワイトでちょっとブルー』である[34]。ブレイディみかこは学校給食について次のように述べる。ここには普遍的学校給食費無償制度はない。

「英国の公立校にはフリー・ミール制度があって、生活保護や失業保険など政府からの各種補助制度、または特別な税控除認定を受けている低所得家庭は給食費が無料になる。小学校は給食制でみんな同じ食事なので問題は発生しないが、中学校は学食制になるので生徒が好きな食事やスナック、飲み物を選んで購入することになる。現金は使わない制度になっているので、プリペイド方式で保護者の口座から引き落とされていくシステムになっており、フリー・ミール制度対象の子どもたちは使用限度額がある。新入生はつい使いすぎ、学期が終わる前に使い果たしてしまわないよう、先生から注意されていたのだろう」。

米国——白髪の老人が青年時代以来の主張の実現を、子が父の意志を受けつぎ

　宮原誠一は「アメリカ教育の形成——19世紀における無月謝公立学校運動の歴史的・社会的条件」を書いている[35]。初出は『思想』1949年5月号である。宮原はアメリカの公立学校運動を評価して、「なんといってもアメリカの公立学校運動の決定的特質は、それが文字通りに民衆的な運動であったということである」。「しかし問題の決定には、それぞれの州で全人民が議論をつくし、各自の投票をつうじて参加したのである。それはしばしば決着までには十年、二十年、三十年あるいはそれ以上を要した議論であり、試行であった。白髪の老人が青年時代以来の主張の実現をよろこび、子が父の遺志を受け継ぐという調子であった」、と記している。民主主義は時間がかかる。それでも良し、とした時代が再び訪れることを願っている。多数の力で押し切るのは政党制民主主義ではあっても本来の民主主義ではない。結論を急がず、数十年をかけて、あるいは世代を継いで議論をつくし良き社会に改善していくのが共和の精神を抱いた民主主義であろう。

　日本の戦後教育制度は占領軍として日本を支配したアメリカ合衆国の人々の考え方が強く影響していた。

　　　日本国憲法は第26条「すべての国民は、法律の定めるところにより、その
　　　能力に応じて、ひとしく教育を受ける権利を有する。2項　すべての国民は、
　　　法律の定めるところにより、その保護する子女に普通教育を受けさせる義務を
　　　負う。義務教育は、これを無償とする」。

　このように「義務教育は、これを無償とする」というシンプルな規定は妥協の余地のない強い意志を感じることができる。日本国憲法が1946年に公布されてから80年近くの歳月が経っている。しかし、それは授業料無償などの一部にとどまってきた。逆流もあり、また部分的な改善もありという状況を繰り返してきた。日本でもいわば「白髪の老人が青年時代以来の主張の実現をよろこび、子が父の遺志を受け継ぐという調子であ」ってほしい。さて、アメリカ

では各州がいわば独立国であり、その州を集めた連邦がアメリカ合衆国である。

　教育制度もそれぞれ州ごとに違うが、イギリスと同様に学校給食は少なくとも教育課程の中には入っていない。1930年に経済不況がつづき、また多量の過剰の農産物が出たことによって、学校給食運動が拡大した、と川越と鈴木は「学校給食制度の役割と効果1」で紹介している[36]。大量の失業者への救済事業と軌を一にしたものである。1946年に学校給食法が成立した。この時系列は、1954年、第19回国会で学校給食法が成立、公布した日本と大幅な違いはない。アメリカ自身の直近の課題を戦後の占領政策と従属的な同盟関係に反映させたものである。

　そして、カフェテリアで自由に選択して食事を摂る。プリペイドカードでチャージした金額が前払いで引かれる。学校給食を教育活動の一環としていないアメリカの貧富の格差の大きい現実は、日本以上に子どもの学校生活を厳しくしているように見受けられる。それは、2013年段階で、すでに肥満の深刻化と貧困層の増大で無料・減額対象がおよそ三分の二に及んでいることである。なお、ミルウォーキー学区（無料・減額の割合が78%と全米平均より低所得家庭が多い）では昼食だけではなく朝食も提供している[37]。

　アメリカの補助的栄養支援プログラム（SNAP：Supplemental Nutrition Assistance Program）は、低所得者向けにおこなわれている食料費補助対策（社会保障政策）の一つである。その中に学校給食も含まれる。また、カリフォルニア州は、「学びに欠かせない」と、2022-23年度から公立の小学校と中学校、高校で、昼食と朝食を無料提供するユニバーサル学校給食プログラムを実施している（該当生徒600万人）[38]。このような制度はカリフォルニア州だけではない。そして2024年の大統領選挙でも課題の一つになった。

韓国──無償とオーガニック給食

　学校給食の制度や志向が、大韓民国（韓国）は日本と似ている。その上に一歩先を歩いている。学校給食の無償と有機食材の学校給食の利用がすすんでいる。

教育の一環として学校給食をとらえ、学校給食法がどちらの国にもあり、ま
た栄養教諭が存在する。児童生徒は給食の時間に一緒に給食を摂る。日本は敗
戦後の一時期、ユニセフ等からの学校給食物資の援助を受けた。韓国は朝鮮戦
争を経てユニセフからの援助を得たという共通体験もある。その時にはミルク
とパンによって給食が実施されていた。ただ日本はそのままアメリカの政策の
中に居場所を見つけ、パンと牛乳を基調とした献立をつくりつづけ、その後に
米飯給食を増やしてきた。したがって、米飯の場合も牛乳がついて来る。韓国
では従来から米飯である。麦などの雑穀、または豆類を混ぜた米食であり、キ
ムチもつけ、わかめスープなどの汁物もつく伝統食である[39]。

　1997年のアジア通貨危機以降、韓国では失業率が上昇し非正規雇用が増え、
さらに2008年の金融危機で格差が拡大していた。韓国の貧困率は高くても子
どもの貧困率は日本に比べて低い。その理由は以下に述べるように学校給食費
無償などの対策の効果もあるとする分析も可能だろう。他方、「地球上で真っ
先に消え去る国」という指摘もある韓国。貧困層が子育てにかかる経費に耐え
られず子どもを産まなくなり、その結果子どもの貧困率が低いとの分析も韓国
の研究者の報告にはある。それを評価する力量を私は持ち合わせていない[40]。
が、日本でも数値を読む場合の考慮として地域や国別の家族制度の歴史や全体
の福祉政策をみたい。2012年、政府と与党ハンナラ党の協議で、農山漁村と
都市低所得層の各家庭の小中学生全員に給食費無償の方針を定めた。これによ
って対象が97万人から200万人になる。対して民主党など野党と市民団体は、
無償給食の全面実施を求めていた。2011年の地方選挙で、学校給食無償を掲
げた野党候補が、教育長（韓国は公選制である）に多数当選したことによって
全国的に広がった経緯がある。ソウル市でも市長が全面実施に反対したが、市
議会は市長が提案した航路整備事業などを全額削除し、小学校給食無償実施の
ための費用を計上した予算案を可決していた。市議会議長が職権で無償の条例
を公布するなど、紆余曲折がありながらも、市長選を経て実施された。これが
契機となり、全国に無償化がさらに広がった。2015年に朝日新聞は「無償化
めぐり揺れる韓国」という記事の中で、こう結んでいる。「給食は福祉ではな

く教育の問題のはずだ」、と[41]。たしかにこれまでみてきたように腹がすいて
は勉強もままならない、ということは河上肇が『貧乏物語』でも言及している
ように人間の生理として当然のことである。教育機会の平等をすすめようと考
えれば、この問題に行き着くのは明らかである。だが福祉ではなく教育だと言
い切れるのは、法によって定めのある韓国と日本だけかもしれない。

　次に、日本に比べて有機食材が多く使われている韓国の実情に触れてみたい。
青山浩子の「韓国における有機農産物と学校給食の実態」を参考にして考えて
みる[42]。韓国で使われる言葉は「親環境給食」である。WTO体制での農産物
自由化に、自国の農産物の質を高めて対抗しようとしたのである。1998年に
親環境農業育成法が制定されている。認証基準がある。親環境農産物は有機農
産物・有機畜産物・無農薬農産物・抗生剤無畜産物などが定義されている。国
家予算による農家への米などの農産物への直接払いが認証制度とセットになっ
ている。仕組みがしっかりとつくられていると思う。生活する現場から課題を
克服する取り組みに当たって、仕組みの構想と制度化、それに伴う財源につい
ての検討が不足しているのが日本での欠点のひとつである。

優れた韓国の事例を学ぶためにも

　大口需要先として学校給食という公共調達への導入がすすんだ理由を、ひと
つは地元農家がよい農産物を学校と連携して届けるという下からの動き、もう
ひとつは2003年の大統領選で「学校給食の直営化（外部委託廃止）、国産化、
無償化」を掲げた候補が選ばれ、しかも「公約を守れ」という運動がおきたこ
とである、と青山は言う。

　だが、学校給食で有機食材を利用するその先の展望はあるのか。韓国では、
2010年をピークに親環境農産物の面積、出荷量が減少した。2018年の新環境
農産物の市場規模（有機畜産物を除く）は約1252億円と、2012年の約6割に縮
小している。他方では小中学校だけではなく高校までの親環境農産物利用の無
償の学校給食をソウル市は2021年1月から実施するなど、伸びつづけている、
と青山は言う。韓国でも貧困化と人口縮小が深刻化している。国内の一般市場

のマーケット規模は縮小する。少子化で児童生徒数が減少すれば、学校給食の食数も減少する。なお、韓国の食糧自給率は2021年末時点では44％にまで減少、それを55.5％まで拡大することを韓国政府は目標としている。食料自給率の低さは日本と同様である[43]。

　優れた先行事例を学ぶ場合にはその課題を含めて理解をして、日本での具体化を図らねばならない。ひとつひとつ目標を設定して、ステップを踏みながらすすむときにも、次の段階での課題を検討しなければ、そこで止まってしまう。体験のうえに具体的、実践的で継続的な検討と取り組みが待たれている。安全安心の学校給食の3本の柱は、地産地消の有機食材、自校給食そして無償である。

スペイン──地域ぐるみの食料主権の運動

　スペインの各地の自主的な運動で、重要視していることのひとつが食料主権である、と工藤律子は言う[44]。「食料は、それを育む土地や水などの自然環境と、作る人、食べる人、そこから生まれる「廃棄物」の処理ともつながっている。これらを一連の環境として考える市民たちは、「EUは、2023年末までに有機ゴミの完全分別と地域での堆肥化を進める方針」の具体事例として、たとえば給食で大量の有機ゴミをだす地域の小・中学校5校では、ゴミの分別と学校菜園の活動を実施していることを工藤は紹介している。菜園活動は授業に組み込まれており、自分たちがだしたゴミがどのようにして堆肥になるのかも学ぶ。教員は、子どもたちが植物の性質や虫との関係など、自然への関心も深めていると話す。「蝶がどんな植物を好むのかを調べて、蝶のための花壇もつくっているのですよ」。日本でも学校によっては、残菜をたい肥にして学校園などに使用するところもある。しかし、学校内にとどまり、また学校給食の有機食材利用という視点は重視されていないように思える。スペインの場合、素晴らしい地域主体となった食料主権の取り組みである。水田稲作を基調とする東南アジアから日本までの農業のあり方と小麦等の畑作地帯であるヨーロッパとの食の循環のあり方は大きな相違もあるだろう。しかし、学校給食費無償を礎とする学校給食の改善は、学校給食にとどまることなく、子どもを含めた地域

全体での食の改善と連動したものになって欲しいと願う。「蝶のための花壇」は魅力的だ。

　教育としての学校給食の核心は、食料主権である。それは個人として最適な食事をとれるという賢さを身に着けることにとどまらず、安全で安心のわたしたちの食の環境をともにつくりだす自主的な力を養うことである。

　学校給食費無償は世界的な動きである。2025年1月9日、ジェトロはビジネス短信で「インドネシア　学校給食の無償提供プログラム開始」と伝え、11日、毎日新聞は「インドネシアの給食無償化は「先進国入りへの投資」　費用捻出が課題」と、幼稚園から高校生までの実施の記事を載せた。すでに味の素はベトナムで4000校以上の小学校に学校給食（有償）を提供している。国際食品産業のインドネシア無償給食市場への眼差しは熱いと思われる。戦後、アメリカが日本にしたことが思い出される。

注

1　『町衆』林屋辰三郎、中央公論社、1964年
2　『江戸の寺子屋と子どもたち　古川柳にみる庶民の教育事情』渡辺信一郎、三樹書房、2006年
　　「手習子弁当箱をさしに持ち」（『川柳評万句勝句刷、明元義5)、「信玄弁当車座の手習子」（『俳風柳多留』、一二二1)
3　『日本子ども史』森山茂樹・中江和江、平凡社、2002年
4　「学校給食のはじまりに関する歴史的考察」『福島大学総合研究センター紀要』第13号、土屋久美・佐藤理、2012年
5　『東京の下層社会　明治から終戦まで』「流民の都市」、紀田順一郎、新潮社、1990年
6　『百八年の歩み』軽井沢西部小学校記念誌編集委員会、1981年
7　『絵で読む　大日本帝国の子どもたち』久保井規夫、つげ書房新社、2006年
8　「日本の子供たち」、著作集8『日本の子供たち・海をひらいた人びと』宮本常一、未来社、1969年（岩崎書店、1957年）
9　「戦時下における食生活」『中国短期大学紀要』22、高早苗・菅淑江・大塚愼一郎、1991年
10　『戦争中の暮しの記録』暮しの手帖社、1980年
11　『信州中野小学校百年史』中野小学校百周年記念事業実行委員会、1973（昭和48）年11月25日発行、非売品
12　『山びこ学校』無著成恭編、岩波書店、1995年（百合出版、1993年、増補改訂版第30刷を底本。初版は青銅社、1951年）
13　『村を育てる学力』東井義雄、明治図書、1957年
14　『学校財政』中村文夫、学事出版、2013年

15 「郷土生活の中にある学校」『柳田國男教育論集』柳田國男、新泉社、1983年、(1948年)

16 『おたまさんのおかいさん』文・日之出の絵本製作委員会、絵・長谷川義史、解放出版社、2002年。『教科書をタダにした闘い』村越良子・吉田文茂、解放出版社、2017年

17 「全国学校給食推進連合会」HPを参照(2024年5月1日閲覧)

18 朝日新聞「ご飯給食を週4回に　文科省、23年ぶりに目標見直し」2008年12月31日

19 『小学校〈超管理教育〉の実態』平山裕人、寿郎社、2020年

20 『足元からの　学校の安全保障』中村文夫編著、明石書店、2023年

21 毎日新聞「議会「弁当は親も愛情」」2015年1月5日

22 「中学給食がない横浜市の代替策「公費6000円弁当の波紋」DIAMOND、2018年4月11日

23 神奈川新聞「ハマ弁?　給食?　中学校昼食で横浜市長「年度内に方向性」」2019年9月12日

24 埼玉新聞「八潮市給食集団中毒　市の対応」2020年7月4日

25 『食と農の戦後史』岸康彦、日本経済新聞社、1996年

26 『広がるオーガニック給食』全国オーガニック給食フォーラム実行委員会、2020年10月26日

27 『日本農業新聞』「JAも一緒に給食を変えよう」2024年11月8日

28 『地産地消と学校給食』安井孝、コモンズ、2010年

29 「19世紀以降のイギリスにおける学校給食」『北星学園大学大学院論集 (1)』櫻木晴子、2010年3月

30 「学校給食制度の役割と効果1」『西南女学院大学紀要』Vol.18、川越有見子・鈴木一憲、2014年

31 『イギリスの小さな町から』加藤秀俊、朝日新聞社、1974年

32 『スコットランドの小さな学校』野村庄吾、岩波書店、1984年

33 「公教育に期待する福祉的役割」『公教育改革への提言』山口伸江、八月書館、2011年。「イングランドにおけるアカデミーの拡大」『市場化する学校』山口伸江、八月書館、2014年

34 『ぼくはイエローでホワイトで、ちょっとブルー』ブレイディみかこ、新潮社、2019年

35 「アメリカ教育の形成——19世紀における無月謝公立学校運動の歴史的・社会的条件」『宮原誠一教育論集』第1巻、宮原誠一、国土社、1976年 (1949年)

36 「学校給食制度の役割と効果1」『西南女学院大学紀要』Vol.18、川越有見子・鈴木一憲、2014年

37 「米国の学校給食および栄養教育プログラムの紹介——ミルウォーキー学校区の取組み」『栄養学雑誌』Vol.72 No.2、林芙美、2014年

38 HUFFPST「カリフォルニアが学校給食を無料に。アメリカの州で初「学ぶために欠かせない」」2022年08月20日

39 「日本と韓国における学校給食制度と献立内容の比較研究」『京都文教短期大学研究紀要』第52集、坂本千科絵・李温九、2017年

40 YAHOOニュース(ロイター)「「子供の貧困率」で日本に圧勝した韓国だが…その背景にある"もうひとつの真実"とは?」慎武宏、2017年6月30日。「韓国における少子化の現状とその対策」『海外社会保障研究』No. 160 、金明中・張芝延、Autumn 2007

41 朝日新聞「無償化めぐり揺れる韓国」2015年6月17日

42 「韓国における有機農産物と学校給食の実態」『AGRIFACT』青山浩子、2021年7月20日

43 【韓国】政府、2027年までに食料自給率を55.5%へ。食料安全保障強化計画策定」『Sustainable Japan』2022年12月23日

44 「スペイン　協同する市民——社会基盤としての自治と連帯」『地平 NO.2』工藤律子、2024年8月号

第3章

鉛筆1本からの無償

1 教材費・補助教材費

集金袋の思想

　学校徴収金（税外負担）は学校給食費に限らない。文部科学省の調査「令和3年度子供の学習費調査」を円グラフにして第1章に掲載した図表1-1「公立小学校保護者負担項目別2021」でわかるように、学校納付金等、図書・学用品・実習材料費等・教科外活動費・修学旅行費等の教育活動に直接かかる費用も保護者の税外負担がある。

　入学時に「算数セット」などの学校が指定した補助教材（つまり学校価格による）に、子どもの名前を記名した思い出は共有されている。例月だけではなく不定期に集金袋を学校に子どもたちが持っていき、担任教員の確認印が押してある集金袋が戻って来るシステムであった。不意の出費に思わず嘆きの言葉が親からも漏れる。長年にわたっておこなわれてきた悪しき慣習を、「集金袋の思想」と私は呼んできた[1]。校長、学年主任等名義の金融機関口座（自治体としての公的口座ではない、個人口座）に、今は振り込みになっているところもあるだろうが、考え方は同じである。

欧米の無償は学校ストライキの成果

　英国で暮らした研究者本人の旅行記などを読むと、義務制の公立学校が無償であることに驚いた、との記述が見受けられる。すでに、前章「学校給食の由来、そして未来」で紹介した英国での加藤たちの体験記がそれである。保護者負担があることは欧米の先進資本主義諸国では考えられないことなのであった。

　しかしそれは子どもたちが闘った成果であることはあまり伝えられていない。1889年、1911年、イギリスで起こされたストライキなど一大抵抗事件にみられる子どもたちの度重なる抵抗闘争の産物である。教員による休罰、授業時間などの拘束時間の低減などとともに教育の無償化と財政援助（学校福祉や就学手当など）の要求を掲げていたという。生徒の学校への出席率といわゆる「読

み書きそろばん」の試験成績により政府が国庫補助金を学校に支出する出来高払い制度が1862年から1897年までつづいた。1870年の初等教育法には、授業料週9ペンスを超えないこととの制限があっても、免除の規程はなかった。1876年、欠席の多い子どもには親に罰金を課す制裁を打ち出す法律ができた。このことにより子ども、保護者の地域ぐるみの学校ストライキが各地でおこった[2]。

　こうして勝ち取られた義務教育の無償制度の原則もサッチャー以来の新自由主義の蔓延であやしくなってきている。

　フィンランドも公教育は無償という話をよく聞く。たとえば福田誠治は「大学まで授業料は無料。高校まで給食は無料。中学まで教材・教具（ノート、コンパス、鉛筆など）、通学費が無料。高校生・大学生の下宿には補助金が出る。家庭や居住地による教育条件の格差を何が何でも埋めていく」、と描いている[3]。

わたしたちの教育のための教科書無償

　計画的な教育をおこなっている学校教育では、その計画に沿ってテキストや学習環境を整える。明治初期は西洋思想の翻訳したものがそのまま教科書として使われ、やがて「軍国美談」に塗り替えられた有償の国定教科書への歴史をみることができる[4]。敗戦時にはその教科書を黒塗りして使ったりもしている。

　戦前は教科書を教えるといわれ、戦後は教科書で教えるといわれている。検定に合格すると、全国の児童に寡占的な販売が許可される。そのことから文部省への贈収賄がおこり、1902年の教科書贈収賄事件は検定から国定教科書に転換する口実のひとつとなった。1903年4月、小学校令改正によって、「小学校ノ教科用図書ハ文部省ニ於テ著作権ヲ有スルモノタルヘシ」（第24条1項）となった。このような国のための教育に特化した国定教科書の歴史を繰り返してはならない。

　戦後日本では10年ごとに更新されてきた文部科学省が定める（告示する）学習指導要領に沿って、文部科学省が検定した教科書が主たる教材として活用されてきた。これからは学習指導要領を大綱化し、公教育を実際に担っている地

方の教育委員会、そして学校が最終的な決定権を持てれば、弾力に富んだ公教育にしていくことができる。公選制の教育委員会、公選制の学校運営協議会で時間をかけて話し合うことが、大切である。互いを尊重しながら話をまとめていく地方自治の力量が問われる。それは西日本を中心に庶民がつくり上げてきた寄りあいという在地の民主主義の伝統の再評価でもある[5]。理屈や結論ありきのデータではなく、子どもたちのあれこれについて実体験を踏まえての話を咲かせる中から、良いアイデアも生まれるのである。そうした人々のリアルな知恵と技術を集積したものが、有意義な手作りの教科書であろう。それをテキストにして、なるべく子どもたちの顔が互いにわかるレベルの小さな規模の学校で学びあうことが、これから大切にしなくてはならないことだ。学ぶということは効率的にできることではない、じっくり熟成するのには時間がかかる。互いが影響しあいながらも熟成のあり方は一人一人違う。その時間を削れば、使いものにならない知識や技術のカスがたまるだけだ。

　その主たる教材も戦前から戦後しばらくは有償であり、保護者が負担してきた。教科書を買えない家庭では、上の子から下の子へ譲り渡すか、あるいは古い教科書を有償無償で手に入れた。それも不可能な場合は写したのである。戦時中のエピソードはすでに紹介した。必ずしもそれは戦時中であったからではない。明治時代の菊池寛の自伝『半自叙伝』（岩波書店、2008年）にも自分で教科書を書き写すことを親から強いられたことが記されている。

　敗戦後も教科書代は重い負担であった。戦後の綴り方運動の成果である『山びこ学校』には「教科書代」という子どもの作文が載っている。「ほんで（ほんとうに）、今からますます生活が苦しくなって、教科書の銭はらえないのや、学校休むものが半分以上も出てきたら先生あ（は）なずえする（どんなにする）つもりだべ」、とつぶやく。授業が成り立たなくなって先生はどうするつもりだろうか、と問うのであった。

　1951年3月29日、「昭和26年度に入学する児童に対する教科用図書の給与に関する法律」が成立した。1年限りの措置であった。その後、教科書無償を求める全国的な運動が盛り上がり1962年、「義務教育諸学校の教科用図書の無償

第3章 鉛筆1本からの無償

に関する法律」、1963年、「義務教育諸学校の教科用図書の無償措置に関する法律」が成立、1963年度より小学校1年生から学年進行方式で拡大され、1969年度に全学年、全額無償国庫補助による給与制度が完成した。1967年度からは中学校にも学年進行方式で実施が始まった。

しかし、無償への関心が低下すると、さっそく、2005年には中央教育審議会答申「新しい時代の義務教育を創造する」では、教科書無償制度のあり方について3つの柱で論じている。それは財政制度等審議会が有償化について指摘しているからである[6]。2024年度からは紙だけではなくデジタル教科書も新たに加わっている。紙と併用するデジタル教材として拡張が可能な教育である。それにより教授方法も大幅に変わる可能性があり、どこまで検定ができるのかも焦点である。デジタル化はどんな領域でも金食い虫、電気食いである。それに伴って教科書や関連した補助教材の有償化の論議が起きることも考えられる。

補助教材──なぜ義務教育なのに金がかかるのか

学校教育法第34条「小学校においては、文部科学省の検定を経た教科用図書又は文部科学省が著作の名義を有する教科用図書を使用しなければならない。2、前項の教科用図書以外の図書その他の教材で、有益適切なものは、これを使用することができる」、と記されている。この有益適切の判断は、「地方教育行政の組織及び運営に関する法律」（地教行法）第33条の2項により教育委員会への届出と承認に基づいている。具体的な取り扱いは学校管理規則に定められている。

教科書以外の教材、教具に関しては、1952〜1985年までは特定補助金である義務教育費国庫負担制度で、その後は地方交付税で措置されている。それらは学習活動に必要な一部である。設置者である自治体が地方交付税に自主的な財源を重ねて、独自に学校での活動に必要な予算を措置し議会の承認を得て各学校に令達する。本来なら、公教育は公的な活動であるから、予算措置された範囲内で実施するものである。取り組みの方向は補助教材費の無償を求めることに尽きる。学校給食費の二番煎じをねらってする補助教材費の公会計化は奇

99

手であり、千葉市や町田市で仮に実現しているとしても、法令に徴収が記載されていない以上は、法律に理解がある自治体は追従することはできない。広がることは困難である。

「子供の学習費調査結果」では公立小学生で年約31万円。うち学校は10万5000円

日本の公立学校では保護者負担が普通のようにおこなわれてきた。保護者負担は、ワークブックなどの補助教材、運動靴、水彩セットなどの学習用具、ノートや各種文房具、さらには調理実習の材料、図工で使用する紙や材料、学習活動（修学旅行、遠足、課外活動時の施設利用料、交通費）、通学に要する定期代、制服、ランドセルなど多岐にわたる。直接、学校が保護者・児童生徒に指定した店舗、あるいは学校が代理店のような役割を担い、集金袋によって購入している場合もある。

文部科学省が抽出調査した結果が、「令和3年度子供の学習費調査」である（2022年12月）。なお、この調査は従来の調査方法から変わり、保護者にのみ問うたものである。

コロナ禍の影響と思われる点を中心に、調査結果の注解をはじめにする。修学旅行費等が前回調査より減っている理由はコロナ禍の影響で取りやめ、日帰り、近接地への変更などが考えられる。学校納入金等についてもコロナ禍による休業措置などによる授業活動の停滞が考えられる。学校給食費に関しても給食実施回数減や学校給食費への補助の拡大の影響も考えられる。図書・学用品・実習材料費等の増額はコロナ禍を契機として急激にGIGAスクールが導入され、家庭での学習環境整備等での増加が考えられる。通学関係費については入学準備用品の物価高の影響。

公立小学校では、補助活動費のうち新たに加わった家庭内学習費が家庭教師費等、学習塾費を上回る新たな状況が生じている。家庭内学習とはこれがコロナ禍のなかでの一時的な状況なのかどうかは継続した検討を要する。オンラインによる補助学習の拡大についてはこれからの注目点である。

文部科学省調査の子供の学習費総額は、学校教育費、学校給食費、学校外活動費の3分類から成り立っている。このうち、ここでの主要な関心は公立学校での学校内活動費である学校教育費と学校給食費である。

学校内活動費は、幼稚園学習費総額16万5126円中7万4271円、小学校35万2566円中10万5084円、中学校53万8799円中17万1019円、高等学校（全日制）51万2971円中30万9261円。学校給食費の割合はいずれも高いことから（ただし高校では夜間定時制高校以外はない）、無償化すれば、ずい分家計は助かることは数値でも分る。そのうえ次に分析するように、公立小中学校の補助教材費の無償化が実現すれば、公立学校に通うのに心配事は大幅になくなる。

さらに、公立学校で授業中に教育課程で必要なことを学び終われば、子どもたちが学習塾に時間外労働のようにして学ばなければならない理由はなくなる。約70%を占める学校外活動費の削減に踏み込める。

学校スリム化としてのデジタル「合校」

ただし、学校教育でどこまで教えればよいのかは、従来からの論点でもある。たとえば、1995年4月、社団法人 経済同友会は「学校から「合校」へ —学校も家庭も地域も自らの役割と責任を自覚し、知恵と力を出し合い、新しい学び育つ場をつくろう—」を発表していた。「合校」のイメージは、中核となる「学校（基礎・基本教室）」の周辺に自由教室と体験教室を配置して、これらがネットワークの形で緩やかに統合されたものである。「学校（基礎・基本教室）」は 国民共通の—基礎・基本を習得する場—とする「学校スリム化」論である。1998年、小渕内閣は新学力観「生きる力」を重視し、完全週5日制、学習内容や授業時間を削減する、「ゆとり教育」を標榜する学習指導要領を成立させた。これらの一貫した流れは、今日につづく学校教育スリム化であり、変奏曲が奏でられている。

中央教育審議会では、2021年1月26日の第127回総会において「「令和の日本型学校教育」の構築を目指して～全ての子供たちの可能性を引き出す、個別

101

最適な学びと、協働的な学びの実現～（答申）」を取りまとめた。「個別最適な学び」と「協働的な学び」とが柱になっているが、義務教育を全体的な底上げとしておこなうのではなく、個別最適な学びを効率的に実現するという視点がある。そのための「協働的な学び」は教室内にとどまらず最適な協働性を求めてデジタル環境を縦横に駆使して結びつくものとイメージできる。新たなデジタル「合校」となる。経済界の要請はできるだけ公教育にかける国家としての費用を削減して、それぞれの能力を伸ばすための教育機会はそれぞれによって（保護者の資産の裏打ちにより）選び取られるものとする新自由主義発想である。公教育の変容は見方を変えるならば、法規制をかけて国のための教育をおこなってきた国家がそれを放棄しようとしていることでもあろう。

災害便乗型のGIGAスクールのはじまり

コロナ禍を契機として学校は一斉休業に突入した。そして強引に導入されたGIGAスクールがはじまる。それは災害便乗型以外のなにものでもなかった。2020年度からはじまった学指導要領では、小学校でプログラム教育がはじまった。それはプログラム的思考を学ぶことであり、それは必ずしもコンピュータを使ってプログラムを組むことではないとされた。そのような発想を根底から批判的に表現した絵本にヨシタケシンスケの『それしかないわけないでしょう』がある[7]。道を二つに分けて選択を迫っていく発想そのものを、それしかないわけないでしょう、と子どもは喝破するのである。1か0かを積み重ねていく発想の狭さが考える力を奪っていく。

2019年度の予算編成では三人に一台のICT機器を整備する計画であった。ところが、2019年12月に文部科学省が発表したGIGAスクール構想は児童生徒一人一台端末とそれを結びつける高速大容量の通信ネットワークを全国津々浦々にあるすべての学校に張り巡らし、それによって個別最適な学習環境を整えるという突然の構想が打ち上げられた。2019年補正予算から事業がはじまった。標準仕様では公・国立学校では一台4.5万円が用意された。2020年度内に事業を完成させるという強行実施であった。しかし、文部科学省の調査でも、

デジタル教科書やデジタル教材を活用した家庭学習が実施されたのは、353自治体であった（2020年）[8]。

　各地ではGIGAスクール導入をめぐって不都合が次々と明らかにされている。「広島県又は広島市が発注するコンピュータ機器の入札等の参加業者らに対する排除措置命令及び課徴金納付命令について」が公正取引委員会からだされている（2024年10月6日）。また徳島県では導入したタブレット端末が故障して使えない状態に追い込まれた。徳島県の第3回緊急対策会議（2023年10月26日）では、教育委員会から端末の故障台数について不足数：約3500台が報告されている。さらに、大阪市教育委員会では学習用端末をめぐり7億円の未払いが明らかになっている。追加契約を2年間結ばなかったのである[9]。このような杜撰な保守管理の状況は大阪市だけではない。故障や破損が一般向けに販売されているパソコンの3倍の確率となり、東京海上日動によれば、保険料収入に対し支払った保険料の割合を示す指数が200%を超え、保険料の引き上げが必要なケースが多発している[10]。読売新聞は「小中学校の学習端末利用で児童生徒の情報をアプリ業者が直接取得・管理…文科省が全国調査へ」（2024年7月14日）を報じている。子どもの情報をリクルートの関連会社に丸投げする事態も現れている。NHKは「公立高校向けタブレット端末 3分の1が使われず 会計検査院」（2024年10月15日）と報じている。緊急配備に傾斜した学習用端末設置のひずみが出ている。そのひずみは教材教具にかける予算全体を圧迫すると考えられる。必要な教材が買えなくなってはいないだろうか。GIGAスクールとはなんであるのか、壮大な無駄使いにはなっていないか、立ち止まって考えるときである。

世帯間年収による教育費格差

　家庭の経済事情によって子どもの学べる環境が大きく左右される事態はつづいている。

　年間の学習費総額は公立小学校35万2566円に対して私立小学校では166万6949円。公立中学校53万8799円に対して私立中学校143万6353円である。

文部科学省調査に基づいて、学習費総額における世帯収入比較をする。世帯年収が400万円未満で公立学校に通わせていると23万1000円だが、私立に通わせると122万8000円もかかる。世帯収入が1200万円以上では公立で59万6000円。私立に通わせると186万2000円。

　400万円未満世帯では公立に通わせる場合は23万1000円。ところが1200万円以上の世帯で私立に通わせている場合、186万2000円もかけている。その格差は比べようもない。公立学校は粗悪な公共しかできないのか、それとも私立学校は意味もなく豪華な教育を提供しているだけなのか。

　以下では公立小学校に焦点を当ててみていきたい。公立小学校では、学習費は学校内経費10万4984円（補助教材、修学旅行等の学校教育6万5974円、学校給食費3万9010円）と学校外活動費24万7582円である。文部科学省が調査した「令和3年度子供の学習費調査」には、前回調査に比べて、コロナ禍の時期の調査であることからいくつかの特徴をみることができる。

　学校外活動費（公立小学生で24万7582円）は学習塾などの「補助学習費」と習い事などの「その他の学校外活動費」に分類されている。学校外活動費のうち補助学習費は公立小学生12万499円である。先ほどと同じく400万円未満世帯で公立に行っている場合5万9000円。対して1200万円以上で私立に行っている場合は44万2000円の補助学習費をかけている。差は7.5倍である。

　なお、補助学習費に関して項目別にみると小学生では公立、今回から新たな項目となった「家庭内学習費」1万4398円、「通信教育・家庭教師費（従前は家庭教師費）」2万3237円、「学習塾費」8万1158円である。放課後、土日休日の学習環境の変化（オンライン学習塾など家庭内学習の増加）も注視すべきことである。

　以上の文部科学省調査に基づく子どもの学習にかかる費用の分析は、誰でも容易に取得できる資料に基づいている。図表3-1「学校内経費と学校外経費」は公立と私立との比較を就学前の幼稚園と小学校とで比べたものである。保護者の財力によって、就学前から公私立への選択がほぼ定まってしまう現実がみえる。

　図表3-2「学校内経費の区分」は2018年度と2021年度で比較したものである。

第3章　鉛筆1本からの無償

図表3-1　学校内経費、学校外経費（幼稚園・小学校）2021年度

区分		幼稚園		小学校	
		公立	私立	公立	私立
学習費総額		165,126	308,909	352,566	1,666,949
学校内経費	小計	74,571	164,752	104,984	1,006,152
	学校教育費	61,156	134,835	65,974	961,013
	学校給食費	13,415	29,917	39,010	45,139
学校外経費		90,555	144,157	247,582	660,797

単位：円

図表3-2　学校内経費の区分　2018、2021年度比較

区分		公立小学校		増減
		2021	2018	
学校内経費		104,984	106,830	− 1,846
学校教育費	入学金	158	0	158
	授業料	—	—	
	修学旅行費等	5,283	6,951	− 1,668
	学校納付金等	8,113	12,235	− 4,122
	図書・学用品・実習材料費等	24,286	19,673	4,613
	教科外活動費	2,294	2,041	253
	通学関係費	20,460	18,032	2,428
	その他	5,380	4,170	1,210
学校給食費		39,010	43,728	− 4,718
学習費総計		352,566	63,102	

単位：円

コロナ禍によって学校教育費等がどのように変わったかを知ることができる。注解をする。修学旅行費等がマイナスの理由としてはコロナ禍の影響で取りやめ、日帰り、近接地への変更などが考えられる。学校納入金等についてもコロナ禍による休業措置などによる授業活動の停滞が考えられる。学校給食費に関しても給食実施回数減や学校給食費への補助の拡大の影響も感じられる。図書・学用品・実習材料費等の増額はコロナ禍を契機として急激にGIGAスクールが導入され、家庭での学習環境整備等での増加が考えられる。通学関係費については入学準備用品の物価高の影響が読み取れる。なお調査手法、集計方法が変更になった点では、学校外活動費を補助学習費とその他の学校外活動費に

105

分けられたことが注目される。補助活動費では新たに加わった家庭内学習費が家庭教師費等、学習塾費を公立小学校では上回る新たな状況が生じている。家庭内学習とはこれがコロナ禍のなかでの一時的な状況なのかどうかは継続した検討を要する。オンラインによる補助学習の拡大についてはこれからも注目点である。

2 完全無償自治体にむけて

これからオリジナルデータに基づいて、実態に迫ってみたい。まだ数字がつづくが、これからを注目してほしい。

教育行財政研究所は、自主的な調査を長年おこない、調査結果を公表するだけでなく、それを改善の取り組みに役立ててきた。先に示した図表1-2「学校給食費関連調査報告集約表」がその成果である。その成果は2024年11月現在、市区町村の自主的な努力と都県の補助で給食費無償611の自治体、一部無償362の自治体で、合計973自治体、55.9％にもなるのである。何が貴いといえば政府が主導したものではなく、自治体が財源をねん出して、地域・保護者の声に応じたことである。それは一つ一つの市区町村の判断と努力の積み重ねである。

そして嬉しいことに学校給食費以外の学校徴収金も全廃にする自治体が現れてきていることである。教育行財政研究所は補助教材費、修学旅行費にターゲットを絞り学校給食費と同様に調査活動を継続してきた。今回、右頁に図表3-3「補助教材費・修学旅行費調査報告集約表」武波謙三作成を掲載するとともに、いくつかの先進的な取り組みをしている自治体を紹介する。その上で補助教材費・修学旅行費・学校給食費の三つとも無償にしている完全無償の自治体を明らかにしたい。もちろん、一民間研究所であるために、研究所の基準でとらえきれなかったり、もれ落とした自治体もあったりすることは覚悟の上である。それは今後とも多くの方の協力を得てよりよい調査をつづけていくことで、お許しを得たい。

106

第3章　鉛筆1本からの無償

図表3-3　補助教材費・修学旅行費調査報告集約表2024年

20241004

	都道府県	市区町村	補助教材費					修学旅行費				
			無償	一部補助	予算範囲内	左記計	割合	無償	一部補助	予算範囲内	左記計	割合
1	北海道	179	5	6	3	14	7.8%	8	14	7	29	16.2%
2	青森県	40		1		1	2.5%	3	7		10	25.0%
3	岩手県	33		1		1	3.0%		1		1	3.0%
4	宮城県	35				0	0.0%		1		1	2.9%
5	秋田県	25		1		1	4.0%		2		2	8.0%
6	山形県	35	1			1	2.9%		2		2	5.7%
7	福島県	59	5	1		6	10.2%	4	4		8	13.6%
8	茨城県	44		1		1	2.3%				0	0.0%
9	栃木県	25		1		1	4.0%				0	0.0%
10	群馬県	35			1	1	2.9%		1		1	2.9%
11	埼玉県	63	1	1		2	3.2%		2		2	3.2%
12	千葉県	54		1		1	1.9%		1	3	4	7.4%
13	東京都	62	4	1	2	7	11.3%	2	13	6	21	33.9%
14	神奈川県	33	1			1	3.0%		2		2	6.1%
15	新潟県	30				0	0.0%		1		1	3.3%
16	富山県	15				0	0.0%				0	0.0%
17	石川県	19		1		1	5.3%				0	0.0%
18	福井県	17	1			1	5.9%		1	1	2	11.8%
19	山梨県	27	3	1		4	14.8%	3	1		4	14.8%
20	長野県	77	4	1		5	6.5%	4	1	2	7	9.1%
21	岐阜県	42	1	1		2	4.8%		2		2	4.8%
22	静岡県	35				0	0.0%			1	1	2.9%
23	愛知県	54				0	0.0%	1	2	1	4	7.4%
24	三重県	29				0	0.0%		1	1	2	6.9%
25	滋賀県	19			1	1	5.3%		6		6	31.6%
26	京都府	26	1		1	2	7.7%	4	4		8	30.8%
27	大阪府	43	1			1	2.3%	1			1	2.3%
28	兵庫県	41		1		1	2.4%				0	0.0%
29	奈良県	39	2			2	5.1%	4	1		5	12.8%
30	和歌山県	30	2	1		3	10.0%	1	3	1	5	16.7%
31	鳥取県	19		3		3	15.8%		2	3	5	26.3%
32	島根県	19				0	0.0%	1	2	3	6	31.6%
33	岡山県	27	3			3	11.1%	1			1	3.7%
34	広島県	23				0	0.0%		1		1	4.3%
35	山口県	19				0	0.0%		1		1	5.3%
36	徳島県	24		1	1	2	8.3%		1		1	4.2%
37	香川県	17				0	0.0%				0	0.0%
38	愛媛県	20				0	0.0%		2		2	10.0%
39	高知県	34		2		2	5.9%		1	1	2	5.9%
40	福岡県	60				0	0.0%		1	1	2	3.3%
41	佐賀県	20	1			1	5.0%				0	0.0%
42	長崎県	21	1			1	4.8%			1	1	4.8%
43	熊本県	45		1		1	2.2%	1	8		9	20.0%
44	大分県	18			1	1	5.6%				0	0.0%
45	宮崎県	26		2		2	7.7%		2	1	3	11.5%
46	鹿児島県	43				0	0.0%		1	1	2	4.7%
47	沖縄県	41		1		1	2.4%		2		2	4.9%
計		1,741	37	31	10	78	4.5%	39	97	33	169	9.7%

補助教材費無償

　補助教材費を無償にしている市区町村はまだ少ない。しかし、授業に必要な教材教具を全く措置しない自治体を想定することはできない。小中学校の場合、設置者である市区町村は学校配当予算によって学校が必要とする物品を、あるいは教育委員会が取りまとめて購入している。経常経費の一環として、また学習指導要領が改訂するごとに文部科学省が計画する物品を新たに購入する。たとえば、2012年に文部科学省は「義務教育諸学校における新たな教材整備計画（平成24年度〜33年度）」を立て、単年度800億円、10カ年で8000億円の財政措置をおこなった。学習指導要領の実施に合わせて2011年度作成した「教材整備指針」に基づく例示教材の整備である。すでに保有している教材の更新のほか、小学校では外国語活動、中学校では武道の必修化、和楽器整備等である。また電子黒板や地上デジタルテレビなども積算されていた。2022年度からも「義務教育諸学校における教材整備計画　単年度約800億円（10カ年総額約8000億円（見込み））」が措置されている。

　ここで問題とするのは、それでも授業を中心とする学習活動に、そして学校運営に必要な財源が慢性的に不足しているという現実である。そこで保護者負担とPTA等を介した実態として強制になる寄付が存在してきたということである。寄付の問題については、今回は扱わないこととする。その原理的な課題は、私は『学校財政』（「第2章第6節　寄附金」、学事出版、2013年）で明らかにしている。また、PTA会費への依存については『子どもの貧困と教育の無償化』（「PTA会費問題に見る学校財政の脆弱性」、明石書店、2017年）で取り上げている。

　補助教材費を無償にしている自治体は2024年では北海道知内町、山形県真室川町、埼玉県小鹿野町、東京都品川区、神奈川県海老名市、福井県高浜町、山梨県山梨市、長野県信濃町、大阪府豊中市、奈良県川上村、和歌山県太地町、岡山県備前市、佐賀県太良町、長崎県小値賀町、など37自治体である。一部補助は31自治体、そして予算範囲内で措置しているのが10自治体である。合

わせても5%未満である。補助教材費は近年にわかに注目されてきた。

　補助教材費の無償化をすすめる。しかし、どのような教材を選択するのか。実験や実習ではなく、デジタル教材万能との思い込みで底なしに財源がつぎ込まれてはたまらない。先入観にとらわれず、実際に実物を見て、手に触ってみて真実を会得するということが、近代以来の合理的な考え方である。そのために実物教材が尊重されてきたはずである。知識において加工されたものは二次的なものでしかない。

東京都品川区——義務教育の学用品の所得制限なし完全無償

　新型コロナウイルス感染症による影響が出ていた品川区は、2020年6月1日、40万6000人の区民全員に一律給付3万円、中学生以下には2万円を上乗せして5万円を給付する方針を明らかにし、給付した。

　そして、品川区は学校給食費無償につづいて、2024年度予算で義務教育の学用品について所得制限なし完全無償化に踏み出した。

　品川区の24年度予算案を見る。区はどんな未来構想で、教材費を無償化したか。所得制限なく施策する姿勢が全体に強くみえる。前年度比2.4%増、過去最大の予算には全区民アンケートも実施し、それを反映した新規事業が以下のように目白押しだ。(1) 安全・安心を守る。では、携帯トイレを無料配布、個人住宅用防犯カメラ設置助成など、8.7億円。(2) 社会全体での子育て支援として「義務教育の学用費の所得制限なし完全無償化」、など14.7億円。(3) 生きづらさをなくし、住みつづけられるやさしい社会をつくるでは、高齢者・障害者用の救急安否確認システムの所得制限なしの無償化。障害児の補装具・日常生活用具の所得制限撤廃。不登校対応支援員の全校配置など8.4億円。(4) 未来に希望を持てるサステナブルな社会をつくるとして、マイガーデンの整備、製品プラスチック回収など6.6億円。

海老名市では

　神奈川県海老名市は、2024年度は前年度比4.8%増。これまで小学1年と中

学1年にのみ無償化していたが、それを拡大して2024年度から県内初の「学校教材費無償化」に1億5000万円を措置し、ドリル、単元ワークシート、実験器具、調理実習などの教材費の無償化をおこなう。私立学校通学の子どもを対象に相当額年1万～1万9千円程度申請により支給。

海老名市は補助教材の無償化以外にもこれまで、修学旅行に関して小学1万円、中学1万5000円の補助をし、他にも柔道着の貸与などきめの細かな予算措置をおこなってきた自治体である。なお、すでに言及してきたように神奈川県は完全給食が遅れた地帯である。海老名市も中学校で全6校がミルク給食から完全へと移行する。中学校完全給食のための調理施設工事を完了する。

小中学校とも1食20円の補助をする。学校給食費の保護者負担の年額は小学生が4万9500円、中学生が5万9400円である。

修学旅行は必要なのか

修学旅行に関して、明治時代に長野県で異彩を放った教員・五無斎保科百助は「小学校生徒の修学旅行に就いて」で廃止を唱えていた。「明治16、7年頃迄専ら大学生あたりの専有物に属したる如き観ありしと雖も、明治18、9年頃よりは高等師範学校並に地方の尋常師範学校尋常中学校に伝播し、同23、4年頃よりは各小学校に伝染した」、と述べ、「言語道断沙汰の限り」、と語っていた。旅行が修学になるには、学校での学習の総仕上げとして、実際の見聞をする場合であると考えたのであろう。修学旅行の起源は、「明治19年2月に実施された東京師範学校の「長途遠足」であるとされている。この「長途遠足」は、従来の「行軍」「遠足」に、豊津中学校で実施された学術上の研究が加味された「遠足会」が結合した形態をとっている」とされている。日清戦争の戦勝ムードを反映し軍隊の行軍（つまり隊列を組んでの徒歩）を真似し、それに自然観察などの理化学、博物学的な視点を結合しようとした試みであった。修学旅行という用語は1888年8月の「尋常師範学校設備準則」にみられる。この頃に言葉として定着したものと推測できる。江戸時代に流行した伊勢神宮等への抜け参りの伝統を受け継いだ寺社遥拝などとの関連もみられた[11]。小学校では児童

第3章　鉛筆1本からの無償

への負担増として実施させない地域もあった。

　小学校から修学旅行が今日のように大衆化したのは、戦後のことである。1952年に日本修学旅行協会が発足し、修学旅行という団体利用の促進が図られた。旧文部省は1956年に「修学旅行の手引き」、1968年には「小学校、中学校、高等学校の遠足・修学旅行について」の通知をだしている。68年通知の趣旨は、1 遠足・修学旅行は学校の教育課程上「学校行事等」に位置づけられている教育活動である。教育的効果を高めるようにすること。2 学校内で得がたい学習の機会として有効に活用する計画をたて実施をすること。物見遊山や観光旅行に終わらせないこと。3 留意事項としてすべての児童生徒が参加できるように計画すること。できるだけ簡素で実質的な計画をたて、実施に必要な経費の保護者負担の軽減につとめ、このことについて保護者の協力を得るようにすること。経費の徴取には計画的な積立貯金をさせるなどの方法を工夫すること、が挙げられていた。さらに、事故防止にも言及していた。

　学習指導要領には特別活動の学校行事「旅行・集団宿泊的行事」の意義を「平素と異なる生活環境にあって、見聞を広め、自然や文化に親しむとともに、集団生活の在り方や公衆道徳などについての望ましい体験を積むことができるような活動を行うこと」（中学校）と記されている。

　1958年には旧国鉄が2両編成の修学旅行特別列車の新造を決定し、つくられたひので号、きぼう号は、13年にわたり活躍した後、新幹線に引き継がれたのである。

　現在、高校では国内修学旅行も遠方に出向き、また海外旅行も計画されている。2008年に東京都教育庁は「修学旅行の取扱いについて」の事務連絡を都立高等学校長あてにだしている。そこには高等学校における国内修学旅行の一人当たり所要上限額は、7万6000円（税別）以下とすること、などが記されている。高校生が海外を修学旅行先とすることは珍しいことではなくなっている。修学旅行費の保護者負担の問題と一体として、修学旅行のあり方その意義、そして実施計画での児童生徒の主体性が発揮できる仕組みをつくることも必要である。

111

東京都港区教育委員会は中学生の修学旅行先を、2024年度に、国際理解を掲げてシンガポールに決定した。そして、「家庭の負担額は、これまでの京都・奈良と同じ1人およそ7万円に抑えられるよう、区が1人あたり40万円程度を補てんする見通しで、引率する教員の旅費、事前の調査費なども含めて、補正予算案に5億1000万円あまりを計上しています」、と港区教委の担当者は語る[12]。

修学旅行の事故・災害

　年間200万人が修学旅行をしている。経費以上に重要なことは安全性である。2014年4月16日、修学旅行生を乗せた韓国セウォル号の海難事故は忘れられない悲劇である。日本でも1955年に広島市内の小学生を乗せた宇高連絡の紫雲丸事故が思い出される。2020年にも坂出市与島沖で小型船が衝突・沈没し、修学旅行中の小学生が海に飛び込み、病院に搬送された事故も起きている。普段と違う場所では事故や事件に巻き込まれがちである。

　今日では相次ぐ日本の自然災害は修学旅行自体の成立を不安定にさせている。2018年、大阪府北部地震によって、中学校の修学旅行が延期となった神奈川県茅ヶ崎市において、市内6校分のキャンセル料が発生した（旅行業者との契約で前日40％、2日前から7日前までの間は20％）。その年の6月定例市議会はキャンセル料1523万2000円を2018年度一般会計補正予算から支出する案を可決した。

　コロナ禍により、公立小中高校の15％が修学旅行を中止、実施する場合も県内・近隣県に切り替えたり、日帰りに代替え措置を講じたりしたところもある[13]。

　自然災害や交通事故によって、修学旅行に伴う金銭的なトラブルが発生しないように、旅行業者との契約内容も厳しく詰める作業が必要だろう。だが、多くの場合、保護者からの徴収金は私会計のままであり、また学校長や担当教員の裁量に任されていることが想像できる。はたして周到な契約ができるのだろうか。だからといって奈良県香芝市のように修学旅行費を公会計化するのは奇

手である。私は推奨しない。修学旅行費を保護者から徴収すること自体を問題
とすべきである。

修学旅行費用無償化、一部無償化

　修学旅行は費用が掛かる。積み立て方式で蓄えて修学旅行費用に充てている
学校も少なくない。都道府県、あるいは市区町村ごとに修学旅行の実施基準を
設けているケースが多い。山形県では小学校は1泊2日以内、中学校は3泊4日
以内、いずれも原則全員参加。埼玉県では小学校1泊2日以内、中学校2泊3日
（72時間）以内、保護者の負担を考慮して適正な額、児童生徒の参加率は85％
を下らないこと、などである。修学旅行費の無償や一部無償は、補助教材費の
補助の2倍に当たる自治体が実施している。離島や山村では交通費が掛かり、
自治体の財政的な支出がなければ修学旅行自体の実施が困難になると思われる。
　2024年10月現在、修学旅行費の無償を実現している自治体は、無償自治体
39、一部無償97。へき地児童生徒援助補助金交付要綱があり、高度へき地の
児童生徒にかかる修学旅行費については国からの援助がある。したがって過疎
地と重なる場合がある。北海道は当麻町、清水町などで修学旅行無償を実現し
ている。割合の多い順に東京都、滋賀県、島根県、京都府、鳥取県、青森県、
熊本県などでは修学旅行費の無償、一部無償に力を入れている自治体がみられ
る。京都府和束町・笠置町・南山城村でつくる相楽東部広域連合教育委員会は
2018年度から学校給食費のみならず修学旅行費も無償にしている。
　過疎地での地域的な教育格差の課題だけではなく、困窮した家庭も深刻だ。
大阪府立佐野工業高校のある教員は、お金を払えない保護者がその事情を子ど
もに伝えられず「最後の最後で行けないことを知るのです」という経験をして
きた。そこで生徒と保護者に提案した。「修学旅行のお金は、社会経験の一つ
として自分で稼がせてください」、と[14]。このような試みには賛否もあるだろ
う。だが、ここまで追い詰められている実態を知ることが問題解決の糸口にな
る。一方に国際交流を掲げて海外への修学旅行を楽しむ学校があり、他方で修
学旅行自体の実施に困難を抱える学校がある。生まれた場所、生まれた家庭で、

そして学ぶ環境での教育格差が生じている現実への積極的な解決に向けた知恵を出し合いたい。

教育無償化の先駆・五無斎保科百助

　先ほど紹介した教員・五無斎保科百助は在籍していた尋常小学校で公教育の無償と実学を提唱実践した先駆者である。明治元年生まれ（透谷北村門太郎と同じ）の五無斎保科百助を知ったのは藤森栄一『信州教育の墓標－三沢勝衛の教育と生活』（学生社、1973年9月）によってであった。

　五無斎は1890年3月末長野県下水内郡飯山尋常小学校主席訓導として赴任し尋常4年を担当した。「児童に貧富の差があるをみて学用品は公費で購入すべきことを主張し学童の負担を軽くせんを計つた」。そして、忌避され短期間に長野全県を異動させられながらも行く先々で「生産を離れて教育はない」という信念をモットーとしていた五無斎は適地適作多角型収穫を奨励し、例えば犀川伏流水利用の芹の栽培など、実学の実践教育を地域ぐるみで促進につとめている。更にまた働く婦女子の服装の改良を志し、わずか1カ年で全村婦女子はモンペイ姿で野良仕事に従事するようになった[15]。そして師範学校出としての年季奉公10年が終わると私学「保科塾」を開設する。「読書癖ある人物を養成し独学の精神を鼓舞し社会百般の実務に応ぜしむ。授業料は5銭以上随意たるべき事、但物品代納も苦しからず」、とした。経営はやがて破綻する。残念ながら財政には疎かった。彼もまた次章で述べる「世間師」であったと思う。

　学校給食費、補助教材費そして修学旅行費の無償についてそれぞれの歴史的経緯と課題をみてきた。新たな試みは、新たな問題点を発見させる。終わりのない試みである。その3つの大きな学校徴収金をすべて無償にしている15の自治体は以下である。北から順に、北海道知内町、鹿部町、泊村。福島県金山町、富岡町、飯館村、下郷町。東京都利島村、御蔵島村。山梨県早川町、丹波山村。長野県大鹿村。京都府伊根町。奈良県黒滝村。岡山県新庄村である。いずれも極小規模自治体が存続のために次世代にお金をかけるのである。それは村を育てる教育であってほしいと願う。村を育てる学力（わたしたちの教育）を地域

第3章　鉛筆1本からの無償

の学校が本気になって作る姿がみえれば、地域を挙げての完全無償に弾みがつくだろう。

日本で最も人口の少ない町・早川町

　山梨県（27）は学校給食費の無償19自治体、一部無償4自治体、合計23自治体で85.2%の割合を占めている。それだけではなく、補助教材費についても無償3自治体、一部無償1自治体、合計4自治体で14.8%。修学旅行費についても無償3自治体、一部無償1自治体、合計4自治体で14.8%。すべてが重なっている自治体が早川町と丹波山村である。見延町は修学旅行費と学校給食費は無償であるが、補助教材費は小学校6000円、中学校1万円の一部給付にとどまっている。

　南アルプスのエリアはユネスコエコパークに登録されている。山梨県早川町は、ピーク時の1960年の人口が1万人超であったが、現在は千人程度と「日本で最も人口の少ない町」であるとも述べている。明治の大合併により五箇村、本建村、硯島村、都川村、三里村、西山村の6村の合併で成り立ってきた。1960年当時、水力発電所の建設工事関係者の流入により一時的に人口が膨張したのであった。早川町のHPをみると「早川町は、山梨県の南西部に位置し、南アルプスの山々に囲まれた自然豊かな町です。町名の由来となっている町の中央を流れる早川を中心に、大小の滝や渓谷が、美しい風景をつくりだしています。東西15.5km・南北に38km、369.96㎢の広大な面積を有し、町土の96%を森林が占めています」、と紹介されている（2023年閲覧）。

　早川町には小学校2校、中学校が1校ある。早川北小学校は2023年度、児童数14名の極小規模学校である。山梨県が実施する学級編制の弾力化（少人数学級の導入）によって成り立っている。

　早川町は家族ぐるみの山村留学制度や、義務教育費完全無償だけではなく、町に高校がないために高校生の通学環境の整備、大学生の奨学金制度も用意されている[16]。完全無償にあたっても「小中学校　学校給食費及び教材費等無料化検討会」において検討されている。寄りあいが生きていると考える。

115

伊根の舟屋の町でも

　京都府伊根町は「伊根の舟屋」で有名である。漁業と農業を生業にした人口約2000人の京都府で2番目に小さな町である。ここもまた人口減少に苦しむ。

　移住促進事業には、学校完全無償のほかにも、英語検定や漢字検定の受検に対して検定料の3分の1を助成。そして、高等学校生徒下宿費等補助金（年7万円）と教育関係が充実している。さらに定住促進補助金、移住促進空家改修支援事業補助金など住居関連、青年就農給付金、新規漁業就業者給付金、開業支援金など就労関係にも手厚い措置がある。これらの地域活性化の一方策として学校完全無償が実施されている。

学校は勉強だけではなく生活する場でもある

　学習するための諸費用が無償化されても、学校への行き帰り、そして学校での集団生活には別途、用意するものがある。制服、ランドセルなど通学用品の保護者による費用負担は大きい。公立学校がわたしたちの教育を実践するのであれば、普段使いの教育が主要になるだろうし、そこでは普段着で何の不都合があるだろうか。また、そのような座学を中心にした集団的な学習が学校で完結すれば、家庭学習は別の様相を呈するはずだ。学びは学校の専売特許ではない。一人一人の生活に合わせた学びのときがたっぷりとなくてはならない。重たい学校用の教材教具をランドセルで毎日運ぶ必要があろうか。

アルマーニデザインの制服から考える

　制服とは何かを一緒に考えてほしい。

　学校が定めたものが制服である。私が「制服」の課題に注目したのは東京都中央区立泰明小学校が新入生からアルマーニのデザインの「標準服」（通称、制服）を導入する話を、2018年2月8日のハフポストの記事「公立小『アルマーニデザインの標準服』導入　校長独断、全部で9万、親から批判も『大人の思惑ばかりで先立ち、子どもが置き去りにされている』」に接したことからで

116

あった[17]。これに対する私の意見を「「公立小学校にアルマーニ」議論にみる危険性」に書いた[18]。東京都中央区立泰明小学校は明治時代に北村透谷や島崎藤村が卒業し、関東大震災後は「復興小学校」のひとつとして数寄屋橋近くで存在感を示してきた。しかし、銀座の商店街にある小学校は少子化の波をかぶり、現在、中央区全区からの子どもを集めることを特別に容認されている特認校となっている。

当時の校長は「日頃の振る舞い、言葉遣い、学校社会という集団の中での生活の仕方などを見ていますと、どのような思いや願いがあって本校を選択されたのかわからなくて、思案に暮れることがあります」、と述べている。世界の名だたるブランドショップが立ち並ぶ街の学校にふさわしい「服育」をおこないたい、つまり高級制服にふさわしい子どもだけを集めたいという私立学校並みの発想をしてしまった、と思えた。多様な社会的背景、多様な心身の状況にある子どもたちが、公立学校というパブリック・スペースでともに学び合う原点が軽んじられていることに、私は危険性を感じたのであった。

制服を強制することで学校が保てるという、生徒指導の発想をする教員も、全国にはまだまだ多くいることだろう。それは自分の力量のなさを告白しているようなものだ。

さて、泰明小学校のオチは、「アルマーニ標準服、公取委「負担軽減の方策を」」(朝日新聞　2018年2月14日)であった。

制服をめぐるいろいろな視点

制服は成長に伴って小さくなったり、ほぼ毎日着ることから服の痛みも激しくなったりする。そこで、「リユース」という譲り合いの仕組みをつくる動きもある。中古販売をする仕組みも生まれている。「鹿角市、中高生の制服を再利用へ　子育て世代の負担軽減」(秋田魁新聞　2017年11月29日)、「制服「お下がり」専門店　柔道着もカバンも直して再利用」(朝日新聞　2018年12月21日)などと報じられている。

制服が男女別にあることはジェンダーフリーではない、という視点から男女

自由な制服を求める取り組みもある。「「選べる制服」600公立高に　性別縛りなく、女子もスラックス　性自認に配慮」（日本経済新聞 2020年12月8日）、「「制服自由条例」授業で考え市議会に陳情　中学校教師が「マニフェスト大賞」最優秀を受賞」（沖縄タイムス 2021年11月13日）、「選べる制服に統一検討　大村市教委の学校改革　規模適正化、学習評価見直しも」（長崎新聞 2022年5月21日）、「中学校にジェンダーレス制服導入、購入費を全額補助へ 北海道北斗市」（朝日新聞社 2023年11月21日）、「「着たくない制服で学ぶ権利侵害」高校生の訴えに署名5千筆」（朝日新聞社 2023年12月29日）、「女子生徒の制服、スラックス選択制広がる　男子のスカート可も」（朝日新聞社 2024年10月13日）などと急激に拡大の様相を新聞が報じ、それがまた各地の動きに影響を与えた。

　制服があれば、私服で毎日替えるより世話がないという意見も聞く。が、指定した制服は少量生産になるために高額になりがちなのである。しかも、購入者が限定的であるので、割高感はある。また、制服業者がカルテルを結んでいると高値が維持されてしまう。「公立中の制服　高値是正を　9年で5000円値上がり」（東京新聞 2017年11月30日）、「高校の制服販売業者がカルテル 公取委が排除措置命令」（教育新聞　2020年7月6日）と繰り返されている。

　いずれの課題も制服にこだわった中での問題の発見と解決である。制服を強制する場合には、強制する側が財政的な負担をすることも当然の措置であると思う。制服や運動着を無償にしている自治体もある。北海道下川町は中学生のジャージ代二分の一負担。知内町は完全無償に加えて新入学時に制服、ジャージ、リュック代を助成している。福島県飯館村は完全無償に加えて制服、運動着も無償。栃木県矢板市は小中学校の新入学生に体育着無償。東京都奥多摩町は学校給食費無償に加えて通学バス代助成、通学費無償、中学生制服無償。高知県大豊町では学校給食費無償に加えて中学生制服補助。先に紹介した神奈川県海老名市は補助教材無償に加え柔道着も貸与。

　制服をやめて私服にすればよいとは考えないのだろうか。たとえば北海道の小学校では学校指定の体育着はない。体育の授業はＴシャツなど普段着で問題はない。北海道の学校関係者（元職も含む）に聞いてみると、制服の強制が

ないことは「ほんとうに北海道は日本じゃないなぁ」という感慨や「体育授業がある日はジャージ登校はもとより、ない日もジャージを着たままの子も多い」という声も聞こえる。

コロナ禍でオンライン学習が強制される事態となったが、その時に、制服を着なくてはならないのかという気づきもうまれた。「私服登校OK、広がる岐阜の県立高校 コロナもきっかけの一つに」（朝日新聞 2022年3月18日）。私服が普通になる学校生活を私は望んでいる。今の子どもたちの祖父母の時代にも大規模な学園民主化が取り組まれ、制服の着用が自由になった学校もあったのである。

重たいランドセル・カバン

小学生がランドセルを背負って通うという風景は日本では見慣れている。制服が問われた以上、教科書等を毎日持ち帰りするための通学用入れ物の話も出なくてはならない。教科書、補助教材にコロナ後はタブレット端末もある。体育用品も持ち帰りがある。中学生になると部活動の用品もある。子どもたちが苦痛を覚えながら、こんな重い荷物を背負う姿は異様である。それは学校が「置き勉」を禁じてきたからである。ランドセルメーカーであるセイバンが2018年に、重い荷物を入れたランドセルに対するインターネットによるアンケート調査（サンプル数2000）結果を公表した。その結果は、1週間のうち荷物が重い日の平均は約4.7kg、ランドセルの重さを加えると約6kgであった。

文部科学省は2018年9月6日、都道府県教育委員会指導事務主管課等への事務連絡「児童生徒の携行品に係る配慮について」をだしている。趣意は「教科書やその他教材等のうち、何を児童生徒に持ち帰らせるか、また、何を学校に置くこととするかについて、保護者等とも連携し、児童生徒の発達段階や学習上の必要性、通学上の負担等の学校や地域の実態を考慮して判断いただいていると考えておりますが、別紙の工夫例を参考とされるなど、児童生徒の携行品の重さや量について改めてご検討の上、必要に応じて適切な配慮を講じていただきますようお願いします」。そして工夫例は日常的な教材や学習用具等につ

いては、家庭学習で使用する予定のない教材等は児童生徒の机の中に置いて帰ることを認めている。部活動では個人の荷物についても鍵のかかる部屋やロッカーでは置いて帰ることを認めている、などが例示されている。

だが「置き勉」は広がらない。なぜだろうか。学校で勉強が完結すれば、教科書等を学校に置いておくことができる。先に紹介したイギリスの学校では手ぶらで学校に行っていた。アメリカも教科書は辞典並みに大きいので、学校に備えられたものであるといわれている。宿題が必要であるならば、予習復習の強制ではなく、教科書から離れた発展的課題であるべきと思う。自分が受け持つ授業内で必要なことは授業時間内で教え切ることが教えることを職業に選んだ者の矜持であろう。文部科学省の指導要領の法的な規制を教員が率先して見

図表3-4　ランドセル無償配布自治体2024年

都道府県	市町村
北海道	清里町、増毛町、鷹栖町、東神楽町（通学カバン）
秋田県	上小阿仁村、八郎潟町
山形県	庄内町、白鷹町、村山市（軽量カバン）
福島県	泉崎村
茨城県	日立市、鹿嶋市、小美玉市、石岡市、桜川市、筑西市、土浦市、高萩市、北茨城市、利根町、潮来市、笠間市、結城市、かすみがうら市、河内町、阿見町
埼玉県	秩父市
千葉県	いすみ市
富山県	立山町（ランリュック）
山梨県	韮崎市
長野県	飯島町、中川村、駒ケ根市
岐阜県	北方町
愛知県	清須市
京都府	井手町（ランリュック）
大阪府	摂津市
岡山県	備前市、早島町
山口県	防府市
徳島県	鳴門市（軽量リュックサック）
愛媛県	四国中央市、愛南町
福岡県	大任町
長崎県	島原市
熊本県	高森町、南阿蘇村、山鹿市、産山村

直すことに期待したい。

　教科書がB5からA4判へ大判化し、またタブレット端末もあることから、徐々に革製のランドセル唯一から変わってきている。めざすは軽量化である。以下に述べる無償自治体以外でもランドセル以外を使用してよいとした自治体に沖縄県那覇市がある。通学用リュックサックが常用されている自治体は愛知県美浜町、武豊町、北海道小樽市などがある。6年間使える革製の重たくしっかりしたランドセルではなく、大阪府摂津市はナイロン製のランドセルを無料配布している。岡山県備前市、愛媛県四国中央市では通学用リュックサックを無償配布している。普通のランドセルを無償配布している自治体は茨城県が16自治体と突出して多い。ランドセル無償といえば茨城県である。その他の自治体を含めて図表3-4「ランドセル無償配布自治体」を見込も含めて一覧にした。

3　就学援助制度の仕組みと限界

就学援助は小中義務制で、就学が経済的な理由で困難な場合に給付する

　就学援助制度のごく基本的な仕組みは以下のとおりである。

　学校教育法第19条において、「経済的理由によって、就学困難と認められる学齢児童生徒の保護者に対しては、市町村は、必要な援助を与えなければならない」、生活保護法第6条第2項に規定する要保護者（2023年度　約8万人）、及び市町村教育委員会が生活保護法第6条第2項に規定する要保護者に準ずる程度に困窮していると認める者（2023年度　約113万人）に対して、各市町村が規定する認定基準によって「就学困難な児童及び生徒に係る就学奨励についての国の援助に関する法律」「学校給食法」「学校保健安全法」等に基づいて必要な援助をおこなっている。具体的には、学用品費・体育実技用具費・新入学児童生徒学用品費等・通学用品費・通学費・修学旅行費・校外活動費・医療費・学校給食費・クラブ活動費・生徒会費・PTA会費・卒業アルバム代等・オンライン学習通信費である。なお、北海道ではスキー授業が盛んでスキー用具代一

式などがかかる。保護者負担があり、体育実技用具費として就学援助の対象となっている。国は予算の範囲内で費用の二分の一を補助する。2024年度予算額は約5億円である（2023年度も約5億）。地方財政とあわせて約10億円が子どもの貧困対策として就学援助費が計上されている。そして「子どもの貧困対策の推進に関する法律」第10条の教育の支援はこれを補強する条項である。

　最新の調査結果から上の制度の枠組みによって実際の援助がどのように実施されたのか。文部科学省が2025年1月に公開した就学援助実施状況等調査結果である「令和5年度要保護及び準要保護児童生徒数」及び「令和6年度就学援助実施状況」は、調査の一部が公開されたものであるが、そこからわかることを取り上げる。

　就学援助制度が有効な場面は地震・津波などの自然災害や疫病の蔓延に対する機動力が必要なときであると思う。危機にあって幼き者、高齢の者は一番にダメージを受けがちである。コロナ禍でも新たに始まったオンライン学習通信費の項目が活用された。教育行財政研究所の独自調査（2021年12月19日）によると全国102の自治体で実施されていた。北海道、長野県、兵庫県で活用が目立つ。他方で全く活用されなかった県は15にも及ぶ。緊急事態のときは就学援助制度の活用をする姿勢を確立したい。

就学援助率減少の理由に、無償化の実施など3.9％も

　2023年度の要保護、準要保護児童生徒数は121万8340人（前年度比3万8963人の減少）であるが12年間連続した減少である。子どもの数が減れば対象人数も減るわけである。就学援助率が13.66％（前年度比0.24ポイント減）でこちらも11年連続減少。文部科学省によれば減少の要因として、児童生徒数全体の減少に加え、経済状況の変化と回答した市町村が多いとしている。前者は納得できるが、後者の割合が減少した理由には疑問がある。物価高に比して賃金が上昇しない状況はここ数年つづいている。どうみても就学援助率が減少する経済的理由には当たらない。就学援助の申請方法や時期、そして受理や認定の仕方に課題があるのかもしれない。劣等処遇を原則とする選別主義には、選別に

第3章　鉛筆1本からの無償

当たっての線引きの問題が常につきまとう。『子どもの貧困と教育の無償化』において東京都の各自治体の具体的な事例を検証している[19]。

　文部科学省の状況調査にある申請時期の分析でその他が3.9％である。その説明に「自治体の施策で無償化を実施しており、申請を要しない場合など」と記されている。簡単でさりげないこの文面の意義は限りなく大きいと感じる。学校給食費を中心とする学校徴収金が減っているので、申請を要しなくなった場合があるのが3.9％の数値としてあげられている。他の理由もあるだろうが、数値として効果が感じられた初めての瞬間である。学校給食費などの義務教育の無償がすすめば、就学援助制度も縮小していく。

準要保護認定基準のばらつき

　生活保護法第6条第2項に規定する、要保護者に準ずる程度に困窮していると認める者（2023年度 約113万人）に対して自治体が独自の基準を設けて就学援助の対象として認定している。それが「準要保護認定基準の概要」である。とくに主要な認定基準となっている「生活保護の基準額に一定の係数を掛けたもの」（自治体の複数回答で78.5％）では「〜 1.1倍以下が7.3％」から「1.5倍超が0.7％」の間に分布する。そのうち「〜 1.3倍以下が44.7％」と集中する。なぜ、1.3倍までが多いのかについて、かつて私は疑問に思っていたが、各自治体の図書館に収蔵されていた古い文部省通知から1.3倍との記述を発見して、強く納得した覚えがある。それは「昭和49年度全国市町村教育委員会事務担当者研修会実施要項」であり、「一般的には、生活保護基準の基準生活費の額、教育扶助基準額及び住宅扶助基準額の合計額の1.3倍程度とするのが妥当である」と記されていた[20]。したがって、1.3倍以下であるのは、ましてや「〜 1.1倍」では準要保護が設定される意義が減ぜられると考える。

　就学援助制度の中で改善を考える場合のポイントのひとつである。この結果、認定基準や認定期間などの認定のシステムによって都道府県レベルの集約でも、要保護・準要保護援助率（被災児童生徒を含む）に大きな相違が生じる。

123

15％弱が就学援助、25％を超える県も

　「令和5年度要保護及び準要保護児童生徒数について（学用品費等）」によって援助率のばらつきを見ることにする。平均は13.66％である。児童生徒全体で認定された就学援助率が高いのは、高知県（25.51％）、沖縄県（23.57％）、鹿児島県（21.44％）、福岡県（20.22％）、広島県（19.58％）以下大阪府、長崎県、北海道、宮崎県と続くのである。他方で就学援助率が低いのは山形県（7.00％）、茨城県（8.17％）、静岡県（8.20％）、富山県（8.33％）、千葉県（8.55％）、栃木県（8.63％）以下福井県、群馬県、岐阜県と続く。この差は大きすぎる。

　単純に考えれば高知県など就学援助率が高い都道府県は貧困家庭が多い地域、山形県など就学援助率が低い県は裕福な家庭が多い地域と思いがちである。そうは言い切れないと留保するのは、一つは就学援助を要する児童生徒数ではなく、申請して承認された数値であること。日本では生活保護の申請率が低いことは指摘されてきたことである。二つに援助率が高い理由として就学申請、承認に向けた事務手続きが円滑であるかどうか。申請がしやすい環境であること、極端なことを言えば水際作戦の有無である。その上で準要保護認定基準が1.5倍以上などや、他の基準も緩やかである点が考えられる。三つに今回で初めて数値として表面化した学校教育の無償による負担軽減措置の影響である。

　以上は以前には公開されていたような自治体ごとの認定方法や基準の数値の公開が、改善のためには必須である。2014年の東京都就学援助実施状況を市区町村ごとに細部にわたって分析した一覧表を『子どもの貧困と教育の無償化』には掲載している。10年前の状況であるが、そちらを見ていただければおおよその傾向がわかる。

　就学援助は、学校徴収金等があるからこそ存在の意義がある。義務教育の無償そのものへの取り組みが子どもの貧困という事象の改善のための本道である。教育にあっては劣等処遇を原則とする選別主義ではなく、普遍主義からの福祉政策が適切である。これを改めて主張したい。注力する場所を間違えては、見かけだけの改善に終わってしまう。文部科学省の「「給食無償化」に関する課

第3章　鉛筆1本からの無償

題の整理について」（2024年12月27日）は就学援助に対する不適切といえるほどの過大な評価をしている。

注

1 『子どもの貧困と教育の無償化』
2 『子どもたちの大英帝国』井野瀬久美恵、中央公論社、1992年
3 『子どもたちに「未来の学力」を』福田誠治、東海教育研究所、2008年
4 『軍国美談と教科書』中内敏夫、岩波書店、1988年
5 「わたしたちの学校のために」『ながさき自治研』No.85、中村文夫、2022年11月
6 『学校財政』第2章第3節教材費、中村文夫、学事出版、2013年
7 『それしかないわけないでしょう』ヨシタケシンスケ、白泉社、2018年
8 「新型コロナウイルス感染症対策のための学校の臨時休業に関連した公立学校における学習指導等の取組状況について」文部科学省、2020年4月16日
9 朝日新聞「大阪市教委、学習用端末巡り7億円未払い 必要な契約2年間結ばず」、2024年4月25日
10 共同通信「学校タブレット、事故率3倍 管理指導がないとより高く」2024年3月29日
11 『明治期学校行事の考察 近代教育の天皇制イデオロギー』山本信良・今野敏彦、新泉社、1973年
12 NHK首都圏「港区 区立中学校の修学旅行 シンガポールの理由 費用負担 他の自治体は」2023年9月7日。東京新聞「港区立中学校の修学旅行は全員海外へ 2024年度はシンガポール3泊5日、自己負担7万円」2023年9月3日
13 朝日新聞「修学旅行、公立小中高の15％が中止 首都圏で割合高く」2020年11月8日
14 「修学旅行費は自分で稼いで」『AERA dot』2019年11月29日
15 『五無斎保科百助全集 全』信濃教育会出版部、1964年。『五無斎 保科百助評伝』信濃教育会、1986年
16 『子どもの貧困と公教育』第4章2。『アフター・コロナの学校の条件』中村文夫、岩波書店、2021年
17 「公立小『アルマーニデザインの標準服』導入 校長独断、全部で9万、親から批判も『大人の思惑ばかりで先立ち、子どもが置き去りにされている』」ハフポスト錦光山雅子記者、2018年2月8日
18 「「公立小学校にアルマーニ」議論にみる危険性」『世界』中村文夫、2018年4月号
19 『子どもの貧困と教育の無償化』
20 『子どもの貧困と教育の無償化』

第4章

学校を地域のランドマークに

1　寄りあいと世間師

アサギマダラは旅する稀有な蝶。フジバカマを求めて日本列島を縦断する。山口県周防大島出身の民俗学者宮本常一（1907-1981）は旅する稀有な研究者である。日本列島の東西で違う日本人の忘れられた姿を尋ね歩いた。4章では、学校給食費無償から始まる公教育の無償を求める理由を、敗戦後の理念ばかりではなく、地域とともに生き

アサギマダラ　著者撮影（2023年9月）

てきた日本の人々の歴史を近世まで遡り解き明かしてみる。宮本が『忘れられた日本人』において明らかにした視点を教育に応用した試みである。

無文字の社会、再び

中世以来の村の生活はいわばエネルギー溢れる「無文字」（口頭と記憶）の世界である。それは明治以降も同様であった。そしてデジタル社会の進展で再び無文字社会が訪れようとしているなかで、忘れられた教育と世均しを問うてみたい。たとえば、宮本は著作集8『日本の子供たち・海をひらいた人びと』（未来社 1969、〔1957〕）のまえがきで、

> 「私の接した多くの人びとは皆内からあふれるエネルギーをもっていた。しなびた人に接することは少なかった」。「学者たちは、あるいはジャーナリストたちは、農民を封建的ときめつけ、その生き方が後向だと攻撃しつづけたが、私の目にはそう映らなかった」。「地主が搾取しているというようなことでもチャンと知っている」。

第4章　学校を地域のランドマークに

と、西洋由来の時代概念を東洋・日本に当てはめて、取り換え不可能な人生を拓いてきた先人を尊重せず、「封建的」と切り捨てることを咎めた。平百姓にとっては文字よりも天気を読み、農作業を会得し、道普請・水路の補修などの共同作業や、地域間の交易の道を整備することが共に生きる方策であった。漁民にとって子どものころから漁場をおぼえることで「板子一枚下は地獄」を生き延びてきた。

　しかし日本の近現代は急激に社会が動いてきた。まず幕末から明治である。年貢の村請制を担った自然村から行政村への転換などで、従前の知恵を超えた知識や情報を得て対応する力を必要とした。文字を取り込む必要が出た。そこに教育機関の役割が生まれた。親や地域の願いはひとり前になることである。その過程に教育機関がどのように役立ってきたのかは、ひと色ではない。たとえば江戸時代後期には私的教育機関であった寺子屋が都市部を中心に隆盛した。それは算術を必須とする店持ちやお触書の文字がわかり年貢等の計算を必要とする村役人の子どもたちが対象である。「往来もの」といわれるそれぞれの職業等に必要な手本が流通していた。村名、国尽くし、受取、送り状、買入書、借用書、約束などの読み書きである。そのなかには寛永年間の山形県白岩郷の農民一揆の「目安状」も手本として使用されていた[1]。文書主義の官僚機構であるお上に訴えるにも文字は必要だからである。それぞれの階層や職業の必要に応じたテキストが用いられていた。社会の寄生階層である武士等はその子も寄生できるように、日本風に変質した後期儒学を官立の昌平黌や藩校、漢学者の私塾で学ばせた。幕末から明治初年には官立、私立とは別に、地域共同の事業としていわば公立の郷学校（1870年の府県施政順序により番組小学校などとして拡大）もはじまり、三種類の教育機関が並立した。学習方法もいずれも集団的な学習ではなく、個別教授の形態であった。

　1872年にフランスの学校制度にならって「学制」がはじまり、1900年までは受（授）業料、住民の負担金、寄付という「民費」依存で国民の形成が目指された。民権よりも国権に熱心であったのは明治の為政者であった。しかし国民になることを人々は求めたわけではなかった。それは日常生活に必要な学び

ではなかったから、学校焼き討ちや不就学による抵抗がおきた。その構造はいまでも同じようにみえる。就学率は高くても小中学校の不登校児童生徒数（年間30日以上）は増えつづけ、2023年には34万6482人と最多を更新した。都市中産階級の教育熱心な家庭の子どもを別にして、近代公教育は必要不可欠のものとは思われていない。日常の用に役立つ学びが軽んじられているからだろう。今日、デジタル化社会の進展の中で文字が軽視され、再び無文字社会が訪れようとしているともみえる。

　宮本が描いた記録中から二点に注目する。一つは地域生活を保障した在地の民主主義のありようである。二つは激変する時代に対処する地域集団のリーダーのありようである。

寄りあい

　人々が自分たちの意志を集める仕組み、そしてそれによって地域を動かす自治的な仕組みが戦後のアメリカ型の政党制民主主義が導入されるまでなかったというのは思いこみがすぎる。まず村役人は世襲や藩や幕府からの任命によって存在したという側面ばかりではない。自然村は一方で武士階級からの収奪の対象として連帯責任を負わされていた。他方では自治的な側面も大きかった。「入札」によって村役人が選出される場合もあった。柿﨑明二の『「江戸の選挙」から民主主義を考える』によれば[2]、江戸時代初期には村を開発した土豪の末裔が家柄として名主になっていた。中期以降になると、本百姓が経済的な力を蓄え、一年交代、輪番、そして入札によって決める村も出てきたのである。さらには「くじ引き」によっておこなわれた山城国のケースもみられる、という。

　著作集10『忘れられた日本人』（未来社　1971、大半は『民話』3 〜 24号〔1958 〜 1960〕）は西日本を中心とする在地の民主主義的な意思決定のあり方「寄りあい」の様相が描かれていて秀逸だ[3]。民主的な協議の仕組みは戦後突然、アメリカから輸入されたものではないし、西洋の専売特許でもない。また、新しい公共概念とともに持ち込まれた「熟議」[4]ばかりでもない。熟議では立場の相

第4章　学校を地域のランドマークに

違への尊重はあるが、必ずしも体験に基づいたことばは重視されていない。

　私は奴隷制で栄えた古代ギリシャの直接民主主義を教科書で学んだ覚えがある。が、自分の足元の民主主義の伝統を知らぬままに齢を数えたことは取り返しのきかないことであった。在地での協議と取り決めの遵守は『忘れられた日本人』に収められている「対馬にて」「村の寄りあい」で描かれている。

　長崎県対馬では寄りあいで決められたものは「帳箱」にしまわれ、永年保存されてきた。二百年前からの文書も共有財産として保管されている。区長（江戸時代は郷士の下知役）が鍵を保管して、惣代（同じく百姓の肝煎）の立ち合いでないと開けられないのである。宮本は調査のために古文書を拝借したいと依頼したところ、寄りあいの決定は全員一致ですからと、みなの意見を聞くことになり、宮本も寄りあいの席にも出かけた。そこでみた寄りあいは在地の直接民主主義である。

　　「村でとりきめをおこなう場合には、みんなの納得にいくまで何日でも話しあう。はじめには一同あつまって区長の話をきくと、それぞれの地域組でいろいろに話しあって区長のところへその結論をもっていく。もし折り合いがつかねばまた自分のグループへもどって話しあう。用事のある者は家へかえることもある。ただ区長・総代はきき役・まとめ役としてそこにいなければならない。とにかくこうして二日も協議がつづけられている。この人たちにとっては夜もなく昼もない。ゆうべは暁方近くまで話しあっていたそうであるが、眠たくなり、いうことがなくなればかえっていいのである」。

　寄りあいのよいところである。毎日、同じ村で顔を合わせて暮らすのである。納得できるまで話し合うのである。共同生活では関係が壊れては、かえって生活に支障が出る。言い負かせても、納得しなければ共同作業はできない。村長が一方的に権威づくで指示伝達をしても反発だけが残る。

　　「結論がでるまでそれがつづいたそうである。といっても三日でたいていのむ

131

ずかしい話もかたづいたという。気の長い話だが、とにかく無理はしなかった。みんなが納得のいくまで話しあった。だから結論が出ると、それはキチンと守らねばならなかった。話といっても理屈をいうのではない。一つの事柄について自分の知っているかぎりの関係ある事例をあげていくのである。話に花がさくというのはこういうことなのであろう」。

「日本中の村がこのようであったとはいわぬ。がすくなくとも京都、大阪から西の村々には、こうした村寄りあいが古くからおこなわれてきており、そういう会合では郷士も百姓も区別はなかったようである。領主―藩士―百姓という系列の中におかれると、百姓は身分の低いものになるが、村落共同体の一員ということになると発言は互角であったようである」。

「差別だけからみると、階級制度がつよかったようだが、村里内の生活だけをみると郷士が百姓の家の小作をしている例も少なくなかったのである。そしてそれは決して対馬だけのことではなかった」。「そうした場での話しあいは今日のように論理づくめでは収拾につかぬことになっていく場合が多かったと想像される。そういうところではたとえ話、すなわち自分たちのあるいてき、体験したことにことよせて話すのが、他人にも理解してもらいやすかったし、話し方も話しやすかったに違いない。そして話の中にも冷却の時間をおいて、反対の意見が出れば出たで、しばらくそのままにしておき、そのうちに賛成意見が出ると、また出たままにしておき、それについてみんなが考えあい、最後に最高責任者が決をとるのである。これならせまい村の中で毎日顔をつきあわせても気まずい思いをすることはすくないであろう。と同時に寄りあいというものに権威があったことが分かる」。

長い引用だが、得心いただけたであろうか。もちろん寄りあいは家族を単位とする村の生活のためであり、戸主として主に男性が参加したものである。その点の時代性は当然にもある。それを差し引いても『忘れられた日本人』は忘れられた名著である。理論を言い募るのではなく自分の足でえた体験に基づいて意見を組み立てる。それは宮本が子どもの頃に寄りあいでみた光景にもつな

第4章　学校を地域のランドマークに

がる。とにかく一人でしゃべっている男に対して、「「一人の老人が、足もとを見て物を言いなされ」といった。すると男はそのままだまってしまった」。

互いの仕事ぶり生活ぶりをつぶさに知る者同士の寄りあいは調整の場であり個人の自己主張の場ではないのである。議論を尽くす場合に必要なことは、立っている足元で日々どんなことをしているかがわかる。それを踏まえて話は聞かれる。

言葉を操って議論しいい負かせても何程のものであろうか。経験に裏打ちされた話が、人の心をうごかす。ただしある事柄について経験に基づいた事例を持ち寄って協議するには時間がかかる。時間をかけて互いの心にすとんと落ちなければ誰も守るはずもない。対馬だけではなく京都、大坂から西の地域では寄りあいの歴史は一般的であると宮本はいう。日本列島の東西でも、また同一地域内の上中下層でも文化は相違している。年齢階層でも思いはそれぞれ違う。

黒船来航に発する明治維新に次いで、生活における激震が走ったのはアメリカ軍を主体する占領軍による昭和の農地解放である。しかし、不在地主に表象された農地の所有と労働の矛盾は戦中にはすでに限界に達していた。農地解放が占領軍政策によって農業の民主化として実施されたのは一面の真実でしかない。既に大半は戦時中に農林省で調査企画されていたものである。その調査には宮本も加わっていた。いわれてみれば当然のことで、突然に変わったようにみえても下ごしらえは地道になされているものであろう。

一人暗夜に胸に手をおいて

宮本はいう。

「戦時中から農地解放の計画が農林省の方ですすんでおり、解放するとすればどのようにすべきかということで、地主経営などの実態調査も行われていて、私も昭和19年頃から奈良県、大阪府などの地主の実態調査にしたがったことがあり」、「占領軍の農地解放は農林省の中で戦時中に企画されたものが引きつがれたようで、占領軍から発表されたものは、農林省のもとからの案と根本的

133

にはたいしてかわっていないようであった」（文字をもつ伝承者（２））。

　さて、農地解放はどのように受け止められ、また実施されていったのであろうか。不在地主といっても庄内平野や新潟平野のような大規模な不在地主よりも、小地主が多くいて、その場合の方が深刻であった。宮本は長野県諏訪湖のほとりでの話をとりあげる。

　　「むしろ解放する方が不合理だといえる場合が少なくなかった。わずかばかりの土地をつくっていたのを息子が出征したので、かえって来るまでつくってくれとたのんだのを、そのままとられてしまったというような例が実に多かった。このような場合はともかくとしても、精出してかせいで、一、二町を所有するようになり、その手あまり地を解放せねばならぬという場合には、その長い労苦が無視せられた苦痛をいやというほどなめさせられたのである。それだけに小地主と小作の間に問題が多かった。私の知人もそうしたことに手を焼いていたのである」。

　当時、村落には若者宿など世代別や性別の非公式な居場所が多々あった。たとえば隠居の集まりでは、誰が何をしてきたのか、口外しなくても、しっかりと共有されていた。記憶はいざという場合に効き目のある言葉となる。帳箱に記録されるだけではなく、高齢者によって記憶も蓄積されていたのである。

　　「６０歳をすぎた老人が、知人に「人間一人一人をとってみれば、正しいことばかりはしておらん。人間三代の間には必ずわるいことをしているものです。お互いゆずりあうところがなくてはいけぬ」とはなしてくれた」。知人は「そこで今度は農地解放の話しあいの席でみんなが勝手に自己主張をしているとき、「皆さん、ともかく誰もいないところで、たった一人暗夜に胸に手をおいて、私はすこしも悪いことはしておらん、私の親も正しかった、祖父も正しかった、私の家の土地はすこしの不正もなしに手にいれたものだ、とはっきりいいきれる人がありましたら申し出てください」といった。するといままで強く自己主

張していた人がみんな口をつぐんでしまった」。

一人抜け駆けして自分や自分の家のみが栄えることを求めても、それは「長者三代」との言葉にも表れているように長くつづくものではない。日本のように小さな風土にあっては、悪行をせねば富貴にはなれない。しかも悪行はつづかないのである。悪行に居直ったような「今だけ金だけ自分だけ」が盛んな今日、大切にせねばならないことは地域からの世均し（拡大した格差の是正）である。その決め手は、違いがあっても格差なく子どもの力を伸ばす無償の公立学校である。それが子どもの居場所として自分の足で通え、地域の目が見える範囲にあることである。教育機会の平等を実質的に担う地域共同の事業である公立学校の必要性が忘れられてはいまいか。

在地の指導者「世間師」

宮本は『忘れられた日本人』ではこうも指摘している。先例に準じた寄りあいでの意思決定だけでは、地域に生きる人々が新しい状況で活路を見出すのは難しい。村外経験のある先達が必要であった。それは必ずしも教育機関で学問を身につけた人ばかりではなかった。宮本は、村落には意外なほどその若い時代に、奔放な旅をした経験をもった者が多いとみていた。それを村人は「世間師」と呼んだ。世間の様々なことを実体験し、村で困ったことが起きた時に頼りになる人であり、

> 「明治から大正、昭和の前半にいたる間、どの村にもこのような世間師が少なからずいた。それが、村をあたらしくしていくためのささやかな方向づけをしたことはみのがせない。いずれも自ら進んでそういう役を買って出る。政府や学校が指導したものではなかった」。

宮本が世間師の例として挙げているのは河内国高向村滝畑（現河内長野市）の左近熊太翁である。大阪近郊の村・滝畑で、幕末に目も当てられない「徳川の負けぶり」をみ、また彼は西南戦争にも従軍して負傷している。文字を知ら

135

ない村人は明治政府の新たな政策の中でこづきまわされることになった。当時、各地で問題となった一つは、山林の私有をめぐる争いである。たとえば島崎藤村が『夜明け前』（1929）で描いたのはそのなかで人生を狂わされた木曽路の人々であった。

学制頒布後順次、村々にも学校がつくられた。翁は読み書きを30歳ころまでにならったのである。世間をめぐってきた経験と文字を知っているということで村の渉外役をひきうけることになる。

　　「さて字をならったおかげで、法律というものも分かり、官有林の払い下げには大へん役にたった。しかし、それまでにはずいぶん金もかかり、払戻してもらう金のない者はみすみす他村へ山を手ばなしてしまった。

　　こうして明治30年までに何やらわからぬままにすぎてしまった。これはどこの村もおなじことで、字をしらなかったおかげで、みなこづきまわされてきたのである。字と法律ほど大事なものはないように思った。

　　弁護士はそのころ三百代言といった。法律をたてにとってウソばかりいってみんなからお金をまきあげた。しかし森という弁護士はいろいろのことをおしえてくれた。

　　30年をすぎてやっと世間のことがわかるようになった。その時は村人はすっかり貧乏になっており、字を知っている者だけが、もうけたり、よいことをしたりしていた」。

この人物を宮本は次のように評する。「翁は外からのそうしたいろいろの新しい刺激に対してその渉外方を引き受けた。翁自身もそのためにきかぬ気の掛引のつよいところも持ってきた。しかし翁が一文も産をなさなかったように村もまた富みはしなかった」。「それにしてもこの人の一生を見ていると、たしかに時代に対する敏感なものを持っていたし、世の動きに対応して生きようとした努力も大きかった。と同時にこのような時代対応や努力はこの人ばかりでなく、村人にも見られた。それにもかかわらず、その努力の大半が大した効果も

あげずに埋没していくのである」。村は余人をもって代えがたい人たちの集まりであり、世間師もそのうちの一つの役割を担ったにすぎない、と私は考える。

近年、効率重視で過疎化少子化が国策としてすすめられ、その一環として公立学校は統廃合され、広域通信制私立学校が台頭している。実質として保護者負担という形での民費依存が拡がり、任命制で名ばかりの地方教育委員会に新奇の学校運営協議会も加わっている。21世紀になってもこづきまわされた結果、学校を含め社会基盤を失った中山間部の集落では人に代わって熊・猪・猿・鹿が跋扈する。人々は都会の「ウサギ小屋」に追われた。

農地解放や離島振興法の成立にも関与した宮本が足で書いた文字をみながら、思うのである。言い放しが許されない生活の場、そこでの利害関係の調整をしてきた寄りあいという伝統を再評価し、足元からの集団的な知恵を引き出すことはできないだろうか。寄りあいの力と共に、世間師のような広く世間のしくみも知った在地やローカル組織のリーダーとの両方が現在も必要である、と。宮本も後半生は世間師の一人として生きたように思える。高学歴がなにほどのものかは知れないが、文字をもった世間師が一人でも多く生まれるならば、そして文字を振りかざすのではなく自らの経験を言葉にすることができれば、地域にある学校の意義は大きいと私は思う。どのようにしたら、地域立ともいえる学校が再評価され、運営がされるにはどのようにしていけばよいのか、それを探るのが本章のねらいである。

2 わたしたちの学校のために
——学校統廃合がすすむ。若者から流出する。21世紀の寄りあいを

愛情道路

戦後教育が始まる時に、柳田國男は、「ずぬけた偉い者とか、村から他へ出てゆく者のみに力を入れて、村に住む人を忘れているような教育をやめて、村が真に一個の有機体、生活体になることを目標に『あたり前の村人』を育てる教育になって欲しい」と願った[5]。しかし、戦後民主主義は、ともにあることを喜ぶ共和の思想を重んじなかった。それは自由民権以来、欧米思想を輸入す

るにあたって欠落した思想的視点でもあった。そして、村を捨てる学力を注入しつづけた。しかし、宮本が訪れて、紹介した長崎県五島の愛情道路のように連綿として共に生きるための在地の共和の思想は息づいているのである。

　　「長崎県五島列島の中に、小値賀という島がある。一島でひとつの町をなしている。玄武岩からなっている低い台地状の島で、島のところどころには、椀をふせたような山がある。この島は、玄武岩の崩壊土であるために、雨がふるとひどくぬかるむ。海の中の島だから、雨のときは風がともなう。学校は島の真ん中にあって、どの部落からも遠い。子供たちは、雨がふるたびに、このぬかるみの道のために苦しめられた。島の南海岸にある笛吹きでは、見かねた母親たちが集まって相談し、この子のために、学校までの道をコンクリート張りにしようと決議した。女手では不可能だというものもあったが、女の力でもできないはずはないと、作業にのりだした。男たちは笑っていた。しかし女たちはひるまなかった。資金をあつめ材料を買い、バラスは浜からはこび、土方作業は、すべて女がやった。笑っていた男たちも、そのままではすまされなかった。そして協力するようになったのであるが、とうとう女手でりっぱなコンクリート道を学校までつけた。町の人たちは、誰ともいうことなくこの道を愛情道路とよんだ」。

　宮本は戦後間もなくの頃の小値賀島、そこでの学校への思いとひるまぬ女性たちの力を描いた[6]。戦に負けてインフレが襲い財政的に行き詰っているだけではなく、親を失い、家を焼けだされ、職を失って窮乏した人たちが大勢いた。そんな中で一番の関心事は子どもたちの教育であり、学校への道がぬかるんで困難であれば知恵と力を集めて苦しみを和らげようとしたのであった。政府も自治体行政も、そして男たちも当てにならないならと寄りあって自力で解決したのは女性たちであった。

　「財政が苦しい」という政府・自治体の言い訳が、厳しい状況の子どもたちの未来を閉ざすことになると誰しも知っている。愛情道路の先の学校には、窮

138

乏した子どもたち、家族、地域の未来を拓くすべがあると信じられていた。こ
のような地域の自発的な関与こそが今日まで公立学校をわたしたちの学校とし
てなりたたせてきた。そしてこれまで再び戦争に巻き込まれることなく21世
紀の今を形づくったのだ。

　じぶんたちのおばあさん、ひいおばあさんが汗を流して整備した道を歩いて
きたことを忘れてはならない、とおもう。今日でも、小値賀島は「平成の大合
併」にも参加せず、みんなで助け合って頑張ろうという「協同の精神」が伝統
として守られている、と西村久之町長はいう[7]。

　南ばかりではなく、北も厳しい自然環境にあってもしなびた人はいないので
ある。北海道でも学制頒布により学校教育制度が始まって以来、戦後になって
も厳しい状況はつづいていた。電気もつかない地域、そして学校の環境でも学
校教育を成り立たせようと、子どもたち、地域や教育関係者が熱意をもって状
況を克服しようとしたのである。「十勝では僻地校の大部分75%が無電燈であ
り、とくに三級地以上は全校無電燈である。しかも未だ僻地校の指定を受けて
いない学校にも相当数の無電燈校があるのを知らねばならぬ」。「かつてS視学
は十勝管内を歩いて泊まったところの子供が、カマドの火の明りで勉強してい
たと話されたことがあるが」、と記したのは1955年のことである[8]。先人たち
が築いた公立学校が、北海道でも学校統廃合によって地域から消えている。

　人口減少は首都圏を含めた日本全体の現象である。江戸時代後期と同じく生
産力が上がってもそれが民生に還元されない場合には人口増には転じない。総
務省が2022年8月9日に発表した住民基本台帳に基づく人口、人口動態及び世
帯数調査（1月1日現在）によれば、長崎県は日本人の人口減少率全国1位で、
減少数では3位である。人口減少率とは、地域から転出する人口数が転入する
数より多い割合。大学等への進学で県外に出た若者は、とくに女性は戻ってこ
ない[9]。長崎県の「令和3年度重点戦略」の教育関係の項目をみるとデジタル
教育や英語教育など文部科学省の構想の枠内の発想になっている。その枠内に
止まらず人口減少を止めるための足元からの提言が望まれる。在地での平等な
関係で寄りあってとことん話し考えだされた戦略が欲しい。そのためには文字

を知っている世間師も必要だろう。それを誠実におこなう姿をみればやがて人は集まってくる。地域に愛され尊重されて育ったという思いが蓄積されれば子どもたちはその地域を見捨てない。

学校は最大の教材である。肌身に沁みて地域社会での格差と共同生活を知る。地域社会にとってもどのような教育がされているかについて深い関心が寄せられている。しかし、学校統廃合をすすめ、場合によっては広域通信制教育などによる公教育の民営化によって代替えが可能だという発想も生まれる。平成の大合併は、学校の統廃合を大規模に引き起こし、学区が広域化したために身近に公立学校がなくなり、通学は再び困難を子どもたちに強いている。全国をみてもスクールバスを運行したり、極少人数の場合にはタクシーを借り上げたりしている自治体も少なくない。徐々に公共機関の利用のための通学定期代を負担している自治体は増えている。高校までの通学費無償は重要政策であるが、それだけでよいのだろうか。合併後の学校の姿はみえなくなってしまっていないか。誰でもがみえ、関与できる工夫が必要だ。

身近に学校を知る

「土地によっては、ラジオを通じて学校と家庭の接近がこころみられつつある例もある。長崎県五島地方は、はやく有線ラジオの発達したところで、昭和24年ごろから施設を見、これによって、各家庭で電話を利用することができるばかりではなく、一定の時間、村や町の広報事項の報告をおこなったり、小学校や中学校から、唱歌・朗読・討論などを家庭に向かって放送したりする。これによって父兄たちはいながらにして子供たちの勉強のようすを知ることができるのである」[10]。

宮本が取り上げているのは五島列島での約70年前の学校の「見える化」についての話である。地域の多くの人が子どもたちを、学校を見守りつつ、普段に関与することが大切である。それはこれまでみてきた学校給食費無償の実現についても言える。取り組みが盛り上がったときもそうでないときも、PTA

第4章　学校を地域のランドマークに

の役員、学校運営協議会の参加者だけではなく地域の多くの人が関心を持ち、関わり続けることによって地域の学校は維持されるのである。

　公立学校はどのようにして明治以来津々浦々につくられたのであろうか。一つに国家の要請である。明治はじめの学制頒布時には、一方で人民共立学校と名のった地域があり、他方では広範に学校焼打ちもおこなわれた。当初は、学校への就学率は上がらなかった。戦前の近代公教育についての政府のねらいは富国強兵のための手段であり、日常生活を豊かにする普段使いの学びが主たる目的ではなかった。学校は国家につながる余所行きの場所であった。制服を着て学校には通っても、家に戻ればそれを脱いで和服で家の手伝いをし、また遊びに興じたのである。

　二つに個人や家庭からの要請である。富裕層の子どもは学校の階梯を登り立身出世もできただろうが、多くは尋常小学校を終えると若年時から農業に従事あるいは他所に働きに出るだけの女工哀史につながる話であった。明治時代には、学校では「村長さんの令息や助役さんの令嬢は親切に取り扱はる、が、吾々如き貧人の子供ハ余計物の如く」扱われたと埼玉県埼葛地方の記録もある[11]。村落秩序の反映がつづくのである。個人の自己実現といっても学校がそれに役立つのは一部の上層民だけであった。したがって、学校教育について関心を示すのもその一部の個人や家庭に限られていた。明治大正昭和と書かれた詩や小説の多くは、その階層の人たちが文字をもった世間師とはならずに坊ちゃん・お嬢さま的な「自我」なるものを表現したものである。教育の歴史と語られるものは、その人たちが叙述した限りのものが多い。

　『武家の娘』の著者である山川菊栄は夫均、息子とともに2・26事件後まもなく神奈川県の村岡村に住みつき、その農村の様子を『わが住む村』で次のように聞き知った話を描いている[12]。それは、ある中年の篤農の子どもの頃のはなしである。

　　「そのころ子供は、二、三人のお大尽の坊ちゃん連のほか、十歳ぐらいから親
　　と一所に鍬を持てば田にもはいりました。夏は朝早くからお婆さんにつれられ

141

て山に草刈に行きます。この朝作りがすまないと御飯もたべられず、学校へも行けません。九月にもなると毎日の朝作りで茅にひっかかれて手は疵だらけ、きれいな手をしているのは、お坊ちゃんばかりです。学校から帰ると尋常一、二年の間は子守です」。

　三つは地域からの要請である。戦後教育では徐々に村落秩序の反映はめだたなくなった。農地解放により不在地主は一掃され、また教育内容も臣民教育から激変した。地域に学校を近づけてきたのは、人々の学校教育への関与であった。身近に学校があって、幼い子どもを遊ばせながら窓越しに授業風景をみることができれば、自然に関与もうまれる。学校を実際にみられる日ばかりではない。当時最先端の情報機器であった有線ラジオ網を五島では、はりめぐらしたのであった。学校の様子を知るすべも工夫次第である。知らないとわたしたちの学校への思いは起きない。戦後には公選制の教育委員会がもたれたが、そのためには学校の様子を広く知っていなければ誰に何を求めればよいのかもわからないのである。そして独立とともに任命制へ改悪された。

　今、任命制に変質した教育委員会だけではなく、任命制の学校運営協議会（コミュニティ・スクール）が文部科学省の音頭で学校に設置されるようになった。たとえば学校統廃合について話しあえるとしても、地域の人々の気持ちを集約していく仕組みがみえてこない。地域の人々が選んではいない一部の人が学校の存廃に関与することは、禍根を残すことになりかねない。

　何をどのように学ぶのか。戦後日本の歴史では地域の教育計画を練り実践した取り組みもある。大田堯の指導した本郷プランや梅根悟、海後宗臣らが関わった川口プラン以外にも各地の戦後の新しい教科としての社会科を中心とした地域独自のプランが立てられた一時期もあった。アメリカのニューディール期の影響を受けて、川口市では教員が生徒を指導して地域の交番がどこにあるか、どのような工場がどこにあるのかなど社会機能の実態把握をしようとした。1970・80年代にさまざまにたてられた「地域教育計画論」について批判的考察をおこない、岡村達雄は地域の力によって国家を超える民と民のつながりを

目指すことを主張した[13]。また学区のあり方についても議論を展開していた。

さて、現在。長崎県内の公立小中学校の7、8割は国が示した標準学級数とする規模（12〜18学級）を下回っている。それでは集団生活ができないと文部科学省だけではなく教育関係者も危機感をあおる。しかも標準学級規模の教育学的根拠は示されたことがない。あくまでも財政的な問題であり、「切磋琢磨できない」とは後付けの言葉である。山下祐介が繰り返し指摘している広島県福山市の学校統廃合はその恐ろしさを浮き彫りにしている[14]。

地域とともにある学校という視点からは国の標準こそ改善すべきである。連動した教職員配置の改善もここからである。文部科学省の2021年度学校基本調査によれば、小中学校とも標準学級規模数（12〜18学級）を下回る学校の割合は50％近くとなっていることから、小規模化の現状を直視することが大切である。武波謙三も指摘しているように、現状に合わせて標準の学校規模は6〜11学級でよいであろう[15]。地域からの現状を踏まえた標準の改善を求める声をだしてほしい。

話の花が咲く21世紀の寄りあいを

優れた地域リーダーに任せれば未来が拓かれるという意見を聞くことがあるが、それは一種の英雄史観である。中央から有識者やコンサルタントを引き入れ、ちょっとした調査と全国どこでも通用するプランニングを後生大事に奉る場合も一種の責任逃れである。一定の意図のもとにつくられたデータ資料に引き回されては、世代を継ぐ内発力はうまれようがない。それでは地域や組織が衰えてしまう。ではどうしたらよいか。

どのような地位の人であろうとその地域のことに関しては平等な立場で時間を区切らずにとことん寄りあいをつづけた伝統が日本にあったことを、わたしたちは忘れていた。地域を回すための本物の民主主義をもっていたのである。宮本が『忘れられた日本人』で、描いた寄りあいの姿は、形骸化した「民主主義」に別れを告げ、それぞれの足もとがみえる関係での21世紀の寄りあいが必要だと思わせる。それを学校が地域に存続していく道筋を検討するときにも

取り入れたらどうだろう。やがて地域から誰もいなくなったという終末を迎えないためにも。

　寄りあいの話は政党制民主主義に代表される戦後民主主義へのひとつの批判的視点を与える。形式化した現在の「議会」「会議」「審議会」そして学校内「職員会議」などの現状についての強力な駄目だしと受け止めてもらえたとおもう。そして合意形成のあり方と具体化について思い出させてくれた。反省することは私も多々ある。

　いま、職員会議は上意下達になり、子どもの話が咲く平場がない教職員である。

　今日、学校統廃合について教育委員会主催の地元説明会が開催される。数回で同意が取れたとして議会に回され、議会の承認が取れたとしてさっそく学校の統廃合がすすめられる。それでよいのだろうか。ましてや平成の大合併で広域化した市町村では、普段の声なき声を掬い取ることができず、声にならない声をかかえたままあきらめる住民はいないのだろうか。

　当事者である子どもたちは気持ちをあまり聞かれない。教育委員会が作成し学校経由で集める子どもの意向調査をとったところもあるが、そこに本音が記されているのだろうか。ちょっと考えてみればわかることである。

　ノルマ化された「民主的な手続き」という茶番に付き合うのはもうやめよう。

　寄りあいは過去の経験の積み重ねをだいじにして次の一歩を踏み出すものである。その地域では新規の事態であっても、全国的には学校統廃合をめぐるさまざまな経験を積み重ねている。その経験を交流し合うのも大切である。大切なものの中身は、社会的な階級・階層を超えて平等に底上げを図る公立学校があり、日常の用に役立つ学びが津々浦々でおこなわれていることである。

　人数が少ないことは負の要素ではない。ひとりの学校も可能である。新聞報道によれば2016年には長崎県西海市の江島にある江島小中学校の、5年間休校状態だったが中学校に新入生が一名入学している。漁師の未来をみつめての入学である。山口県上関町の祝島にある祝島小学校では2021年に新一年生が入学し、5年ぶりに学校が再開している。自治体内全域から児童生徒を募れる小

144

第4章　学校を地域のランドマークに

規模特認制度もあり、また全国から参加を募れる山村留学制度も鹿児島県、長野県などで活用がみられる。島留学制度も全国各地にみられる。義務教育完全無償の山梨県早川町では保護者ぐるみの山村留学制度を実施している。

　高校で言えば都道府県立から市町村立に切り替え地域に根差したわたしたちの学校として存続を図る動きも北海道を中心として実施されている。また小値賀島にある長崎県立北松西高は小規模校であることを活かした指導によって例年国公立大学の入学者を輩出しているという[16]。地域の子どもの将来に向けて等しく公教育が開かれるための、やりようはあるのである。わたしたちの学校について平場で寄りあって話の花を咲かせよう。

　小値賀島の愛情道路の話にたち戻ろう。汗の染みた愛情がわたしたちの学校をきっとつなげていく。子どもたちは道を踏みしめる足もとからそれを感じながら大きくなる。

3　学校を地域のランドマークに

たくさんの親がいた

　子どものつつがない成長を祈り、節目ごとに人々は祝ってきた。その一部は七五三や成人式などの形で残っている。

> 「そしてしかも子供をたんに親のものとせず、たえず、村人として大衆の中におこうとしたことは、名づけ親・ひろい親・カナ親・筆親・元服親などと、子供の成長につれて他人を親にたのみ、また子供宿・子供組・若者宿・若者組など、共同生活の場におしだしていって、社会人としての訓練をおこたらなかったのである」。

と、宮本は語っていた[17]。生みの親以外にもたくさんの親が子どもの成長を助け、また自立を促す居場所を生活の場に組み込んできた。

　近世になり生活に必要な学びを集中的に身につける学校の役割が生じた。そ

145

れは若者宿に象徴される年齢別の居場所の一形態であるとも考えられる。私立である寺子屋や公立である郷学校への篤い歴史をもつ地域では、国家の願望を教え込む官学的発想の「学制」以降の近代公教育にあっても、したたかに生活の用に役立つ教育を地域住民はおこなってきた。学校の入学式、卒業式を祝うのも成長を共有してのことである。今日でも沖縄県伊江島では、島の共同体の中で成長したことを祝って家族だけではなく近所の人親類、友人たちが小学校の入学祝に自宅を訪れるという[18]。このような地域の共同意識が失われたのはなぜだろうか。井上定彦は、『現代社会経済システムの変容と展望』（叡智の海出版、2024年）において、エリック・ホブズボームなどを引用しながら、20世紀半ばまでは近代工業社会は古い共同体や家族の価値と新しい社会の共存関係に依存していた。後期近代になると家族や地域コミュニティの親密圏を衰退させた結果、「近代的孤立」や「個人化」が特徴として現れる。現在の「市場主義国家」を超えて、地域コミュニティと社会自治の機能に着目した、新たな公共社会秩序の形成が求められている、と優れた視点を述べる。

地域の人びとの民費・寄附でつくりだされた「誰もが幼少期に通う小学校という場所は、おそらく人びとが最初に体験する公共空間であり、それが何代にも渡って継承されることで、それぞれの地域に大切な価値を育てていく」[19]、と山﨑鯛介が述べるような役割を担うようになった。それはその地域を象徴するシンボル的建物・空間を意味するランドマーク（Landmark）となる。シンボルは自然物ではなく、ともにつくりだした人工物であることが尊い。

地域の価値観を体現するランドマークとして最初に思い出されるのは、学制以前の1869年に京都の町衆が複数の町組（番組）に64校もつくりだした「番組小学校」という学校を基盤とする多機能の地域公共施設である。郷学校は江戸末期から自主的につくりだされた公立学校ともいえる存在である。1870年の府県施政順序により番組小学校などにみられる地域共同の事業として拡大した。そこには政治の中枢が江戸・東京に移り、廃れる旧都を教育によって再生させる意図を感じる。府が貸付けた800両と町衆の竈銭（教育目的税）を積み立て、それを運用することで学校を成り立たせる発想を持っていた。また学習

第4章　学校を地域のランドマークに

内容も地域の教育欲求にそって西陣織、作陶に必要な図案や意匠など書画が重点の一つであった。卒業した楠部彌一などたくさんの芸術家が学校に逸品を寄贈し、学校のたからものとなっている。番組小学校は年寄など町役員の「出勤場」、消防のための火の見やぐら、町内警護の詰所も併設された複合施設であった。番組小学校を福沢諭吉も「スクール・ディストリクト」に当たると評価していた[20]。郷学校は、たとえば長崎県にも1871年に壱岐郷学校が平戸藩校分校として開設されるなど地域の実態に合わせて多様な形態をとった[21]。

　したがって、近代学校教育も人々の自治的な暮らし方の延長としてつくられ、地域共同の事業として創設・維持発展したのであれば、子どもたちにとっても地域にとっても幸せな時間を共有できたはずである。ところが、1872年の学制に始まる「学校教育が村人のもっているものが旧弊であり、古風であり、卑俗なものとして否定してかかった」(宮本、同上)。日常生活にとって外在的である「富国強兵」や「立身出世」が一律に教え込まれた。

木崎農民学校

　宮本らが監修した『日本残酷物語 5』(平凡社、1959年。平凡社ライブラリー、1995年)でも「無産農民学校」として取り上げられているのが木崎農民学校である。1922年に大地主地帯である新潟県北蒲原郡木崎村(現、新潟市北区木崎)の農民組合が、真島家ら地主に小作料1～2割減免を要求した争議があった。その一環として自主的な学校をつくった。わたしたちの学校のさきがけのひとつであった。

　大正デモクラシーで都会の中産階級が自由を謳歌し、裕福な子どもたちのための私立学校がきそうように設立された。もうすぐ来る危機の時代への準備もせずに。大正期の画期的な学校は別にあった。新潟県木崎村の村民は大地主との闘いの中、真島桂次郎は郡教育会長に就任し地域の教育を支配した。郡内3千人の同盟休校が実施されたという。その先に自分たちで運営する「木崎村農民学校」を1926年に設立するにいたった。賀川豊彦が農民学校協会長になっている。遠藤新が設計したライト式校舎もつくられた。「無産農民学校協会規

147

約」には、第2条「本会ハ無産農民ニ必要ナル教育事業ヲ行フ」と記されている[22]。そこでは国定教科書は修身を除いて使われ、批判的に扱われていた[23]。

　わたしたちの学校をつくる。労働争議でも地域ぐるみ闘争に発展した場合には、同盟休校も実施されてきたが、自分たちの学校をつくるのはなかなかないことである。政府が意図した教育（国のための教育）を、地主階層が主導して地方の教育行政がおこなわれていた。そのなかで、わたしたちの学校を自主的につくった歴史があることは記憶に残しておきたい。地域のランドマークになり得る以前におしつぶされたが、こんな学校があった、ということを記したい。

　新潟市生まれの猪俣津南雄は『踏査報告　窮乏の農村』（岩波書店、1982年）の序（1934年9月）で、「現在の農村は窮乏の農村である」と端的に述べている。初編で、「農民組合運動の結果は、小作条件の著しい改善をもたらしている。蒲原平野地方は、現に全国的にみても農民組合の力の最も強いところだが、この辺の小作料は、組合のある村では大体収穫の2割5分見当になっている。それ以下になっているところもある。組合のない村でも、組合の余沢を蒙って、4割以下のところが珍しくない」と記している[24]。それでも不在地主の強い地域である。政府、地元政財界、警察などが加わって、木崎村農民学校は瞬く間に閉鎖に追い込まれた。

　敗戦後、義務教育は設置者を基礎自治体として、地域立の学校にふさわしく日常の用を学ぶ場として再建する取り組みがつづけられてきた。しかし、公選制教育委員会は任命制へと変質されてしまっている。私は2011年に、「いま、団体自治による役割分担から市民自治による市民知を、言い換えれば、公教育運営での地域主権の具体的構想を、実現化する段階に来ている」。「2011年3月11日、東日本大震災が起こった。その惨状には言葉もない。速やかな復旧が望まれる。同時に本格的な復興には市民自治にたった公教育運営の地域主権の具体的な構想が大切である、教え込み型の一斉授業から体験的・自主的な学習への教育改革が求められている。そのためには学校環境整備に当たっても、オープンスクールとして地域復興と一体化した造りが検討され、地域の中核的な施設として設計していくことを提案したい」、と述べた[25]。この視点はいまで

第4章　学校を地域のランドマークに

も重要と考えている。

　2024年1月、人口戦略会議は「2100年に人口8000万人維持」を政府に求めた。これほどに人口が減少し、それに連動して学校統廃合も止まることを知らない。地震等の自然災害が頻発する日本では学校を避難場所としてきた。しかし人口の減少を理由に学校統廃合をすれば、避難場所もなくなり社会的な基盤を失ってさらに人口が流出する負のスパイラルに陥っている。中央依存、自衛隊依存の防災のあり方も2024年の能登半島の地震と大雨との相次ぐ災害に即応できないことで、自主防災の重要性が改めて明らかになっている。地域の学校の多機能性を再評価し、地域の共同井戸や雨水利用施設、食料の共同調理などを担えることが重要だ。地域間・地域内格差の拡がる21世紀を、教育機会の平等を実質化する学校から始まる世均しによって変えることを私は望んでいる。地域の自立性を高めて複合的な公共機能・施設であるわたしたちの学校として生み直すことである。そのためには4つのアプローチを考えている。政府はそれを補完するにすぎない。

　一つは公教育の無償であり、その最初の一歩が学校給食費の無償である[26]。このことはすでに述べた。

　二つに無償とした学校が従来通りのシステムでよいわけがない。すでに机と椅子に子どもを縛る学校教育からの革新は、19世紀末からアメリカの新教育運動として始まる。学校を「小社会」とみなすデューイは「学校という建物の中で具体化したいと思っている観念の図式的な表現」[27]を以下のように描いた。1階に図書館（「他者の経験からくる新しい光、集積された世界の叡智」とデューイはいう）、2階に博物館を中心に置く。1階の四隅を張り出し、工作室・織物作業室・調理室・食堂を設置して当時の産業課題を体験的に学習する。

　　「書物は経験の代用物としては有害なものではあるが、経験を解釈したり拡充
　　したりするうえでは、このうえもなく貴重なものである」。

とデューイは述べている[28]。座学・オンライン授業ばかりでは世間知らずの

149

教育にしかならない。しかし、大正新教育運動として輸入されたそれは、社会とのかかわりを軽視し、個人への学校内の自由教育にとどまった。21世紀の公教育でこのような誤りを繰り返してはならない。

　三つに学校運営のあり方の改善であり、これについては在地の民主主義・寄りあいを取り入れることである[29]。地域とともにある学校という場合、教育内容は誰が決めるのかが重要である。地方教育委員会を公選制に戻し、学校運営協議会も公選制の委員による合議制とする必要があるだろう。そしてそこには学ぶ主体である児童生徒学生の参加も重要である。共に生きるために何をどのように学びたいか、という主体的な視点である。官製の任命制学校運営協議会制度は小中義務教育学校の58.3%で導入されたが、その効果はみえてこない。言葉の真の意味でのコミュニティスクールになるためには官製ではない自立した組織でなくてはならない。そこでは多くの地域住民が平等な立場で協議会でも寄りあいをおこなうことが学校教育を活性化させる。専門行政職員としての学校教職員は地域が決定した教育内容について、専門的な助言と具体化する際の力とが問われる。そして、小規模自治体では地域ぐるみで一つの学校として連携運営することもありえる[30]。

　過疎化により小中合わせて1校の地域が拡大するだけではなく、私学志向拡大により教育委員会が就学先を指定している現行システムは機能的限界に至っている。NHK（2023年11月15日）によれば、東京都文京区では49.5%の児童が私立中学へ進学する。その対策として、文京区など東京23区では区立中学校の学区選択制を導入している事例が多い。それだけで公立離れが止まるだろうか。地域の共同事業としての公立学校の意義を再検討する時期に来ている。

　四つに学校を児童生徒の教育という単機能に限定するのではなく、地域の公的なニーズに応じた多機能・複合型にすることである。この章は、学校給食費などの義務教育の無償がなぜ必要なのかを考え、学校のあり方を地域のものとするために、一つのアプローチをする。学校の複合化について分析・提案する。

第4章　学校を地域のランドマークに

就学前教育への注目

　地域の教育施設は公立小中高校だけではない。就学前教育として幼稚園・保育所・認定こども園もある。それぞれの違いを明らかにした展望が必要だ。放置されてきた改善も、ようやくすすみそうだ。2024年4月以降、4～5歳児の職員配置基準を児童30人から25人に対し保育士1名へ改善する。また、保育士や幼稚園教諭などへの処遇改善もおこなうとされている。

　『幼児教育の経済学』[31] は就学前教育がその後の人生に大きな影響を与えること、就学前教育で重要なのは、IQに代表される認知能力だけではなく、忍耐力、協調性、計画力といった非認知能力も重要と述べている。日本ではすでに約95％が幼稚園や保育所等に通っている現実は、子育てにおけるアメリカの人種・経済格差の現実とは相違しているという意見もみうけられる。今日において重要なことは教育が新自由主義的思考の影響をうけて、格差拡大装置化していることであり、その克服が日本だけでなくアメリカ等を含めた世界中の多くの国々で求められていることだ。

　就学前教育は単に就学予備校ではなく、幼老複合機能の要素も求められ始めている。世代間交流などによる互いの支えあいとして「小規模多機能型の拠点・施設」を多数生み出す試みも注目されている。それは財政的な効果も高いとされている[32]。幼老複合施設では、三世代が手をつなぐきっかけとなり、施設内の交流が地域全体に広がる可能性が生じる。

教育施設の多機能化・複合化

　学校施設の複合化の動きはいまに始まったものではない。しかし、団塊世代の学び舎として急拡張した公立学校は一定年齢を対象として通過する一過性の公的施設の役割では統廃合がすすむこともやむを得ない面がある。改めて別の方策の重要性が高まっている。2021年度中の文教施設の集約化・複合化の文部科学省の実施状況調査の結果（2022年9月）は508施設、そのうち学校数321校、内訳として集約化108校、複合化132校、廃止81校。2022年度以降の実施

151

予定数をみると学校施設は799校、内訳として集約化362校、複合化314校、廃止123校である。

　2023年12月、学校基本調査（確定値）を基に教育行財政研究所武波謙三が作成した学校数等の推移によれば、公立学校数は1998年に小学校2万3471校、中学校10428校、高校（全・定・併）3765校。それが2023年には小学校1万8535校、中学校9015校、高校3196校に減少した。都道府県別の小学校の廃校率（1998年と2023年の比較）をみると青森47.79％、秋田県46.91％、岩手県42.98％、北海道39.74％である。北海道、東北、九州、四国、日本海側で多くの公立学校が消滅している。ちなみに長崎県は23.29％。片道1時間以内は可という2015文部科学省基準により学校統廃合がすすみ校区が広域化し、子どもたちは通学自体に困難を抱えるようになっている。はたして地域の少子高齢化を理由とする公立学校の統廃合は唯一の解であろうか。逆に団塊世代の高齢化に伴う新たな地域の行政需要と結合させて、極小規模であっても存続させる政治的決断によって別の道が拓かれる。

　障害をもつ、あるいは外国にルーツをもつ子どもたちのインクルーシブ教育、防災・防疫対応を含めて学校は計画的な教育プログラムを意図的・組織的に実施する教育施設である。しかし、それは硬直した教え込みになりがちである。そこに生活の場としての要素を組み入れることで改善する可能性も生まれる。以下にいくつかの事例を示すことにしたい。例えば京都府宇治市立小倉小学校は児童数減を受けて北校舎を福祉施設（デイサービスセンター・在宅介護支援センター等）に転用工事を1994年に施行している。学級の福祉委員が昼休みに折り紙や風船バレー等で年100日程度の交流などをしていた。1996年に完成した品川区立戸塚台中学校は戸塚台特別養護老人ホームとの併設のほか通所型在宅サービスセンターなどの高齢者対応福祉施設が整っている。この他にも温水プール、350人が一堂に給食を摂れるランチルームなど地域開放型のセンターとして設置された。高齢者と中学生との交流では夏季業中の介護補助体験が企画されていた[33]。2003年、埼玉県志木市立志木小学校では学校図書館と市民図書館、公民館など社会教育施設との併用をおこなっている。社会教育施設、と

くに学校図書館との併用は全国的にみられる。茨城県牛久市では東京に直結する沿線に新興住宅地帯が広がる。2010年に開校した牛久市立ひたち野うしく小学校は近辺に市民文化施設がないことから学校図書館を市民向けに常時開放している。また敷地に隣接して市営屋内温水プールがつくられ市民の年間利用が可能となっている。維持管理はNPOに委託されている。児童は一般住民と同様に利用している。今後、学校プールの廃止による共用化は全国的にすすむ。以上、私が見聞きした学校のいくつかを紹介した。

　文部科学省は、学習指導要領の改訂や自然災害等の急激な社会変化に対応する学校施設の考え方を、継続的に示してきた。「学校施設整備指針」を1967年以降、改訂・公表してきた。国庫補助の基準にもなり、自治体はこれを尊重せざるを得ない。2022年版で、幼・小中学校では障害の有無にかかわらず幼児児童生徒が共に学ぶことができるユニバーサルデザインを目指し、脱炭素社会の実現に向けて断熱化や日射遮蔽等の建物性能の向上。個別最適な学びと協働的な学びの一体的充実のため1人1台端末環境を生かした遠隔会議システム・統合型校務支援システム等のICT環境整備を図ること。高等学校ではキャリア・カウンセリング（進路相談・履修指導）室において生徒自らが検索できるよう、各種視聴覚教材・コンピュータ等を適切に配置できる面積や形状とすること等が示されている。また特別支援学校では障害の状態や特性等に応じた補助器具や移動速度等の違いによる危険が生じないような動線計画とすることが重要としている。

　学校施設整備・活用の共創プラットホーム（CO-SHA Platform）も文部科学省は始めている。これらの方策の取捨選択は設置者の判断である。子どもたちにとって学校は最大の教材でもある。肝要なことはその地域に愛され存続する学校であることである。

　長倉康彦は『「開かれた学校」の計画』[34]において学校は、「7メートル×9メートルの教室空間に黒板に面して机・イスを同一方向に並べ40～45の児童生徒を一斉配置し、工業化に応じた均一の人間を大量に一定の時間内につくりだすベルトコンベアのようなシステムであった。片側廊下型の南面教室を並べ、

そこに特別教室を付属させてきた」、という。そこから脱却して社会ニーズに合ったオープンスペースを取り入れた開かれた学校が重要としていた。これを実現するのに最適なのは小規模校、とくに極小規模校であり、

> 「学校が単なる教育の場と限定されず、児童・生徒のトータルな生活の場として位置づけられることが大事である。…常に自発的に学習ができるような備えをし、場合によっては子供たち一人一人の勉強空間（ホームベース）を用意するもよく、子供の多い住宅の計画といったことも当てはめてみることもできよう。特に複式学級を持つような極小規模校では中・大規模校では全く不可能に近いこれらの考え方を導入することによって、質的な格差を減らす工夫もあると考える」。

このように、いわば小さな居場所としての逆転の発想を展開していた。学校運営の効率性や自治体の財政力という言葉は、子どもたちが地域で育ち地域を新たにつくりだしていく芽を食いちぎるものである。

地域の学校としての再発見

現在、各地で公立学校が小規模化している。長倉の30年前の考え方が広範囲の地域で必要な視点となっている。子どもの成長を助ける教職員は仮親、学校は若者宿。地域の人のふれあいの中で育つには、加えて多機能・複合化である。長倉がみていた学校のイメージは、ジョン・デューイが描いた「観念の図式的な表現」と同じようにみえる。そして番組小学校が実現した多機能の公共施設にもつながる発想だ。こうした学校施設がわたしたちの学校として小規模であっても継続できれば、共和主義―すなわち世襲を認めない、階級や階層は違っても、児童生徒同士ではともに学ぶ平等な仲間という発想が養われる。公立学校を大規模災害にも強い、地域で最も安全・安心で人権が尊重された居場所・避難所として持続したい。次世代がこのような環境で育てば、小さな地域も共和主義に立って助け合って存続できるのではないか。公立学校が地域のランドマークとなってほしいと願う。

第4章　学校を地域のランドマークに

4　21世紀　忘れられた教育

　ここまで地域でともに生きるためのわたしたちの学校について、宮本の考えを受け止めながら検討してきた。しかし、2023年に中央教育審議会が答申した次期教育振興基本計画コンセプト「2040年度以降の社会を見据えた持続可能な社会の創り手の育成」をみると、私のための教育を肥大化させつつ、それを国のための教育に包摂する計画が描かれている。それは後の世では、コロナ禍が社会を変えたうちの一つである教育現象として伝えられるものとなろう。明治以来、近代公教育は東井義雄のいう「村を捨てる学力」にまい進してきた[35]。そして、EUを一つの形として21世紀になるとグローバル化の中で、国を超えた・捨てる学力を目指す（OECDに準拠した教育観もその一種）動きも出ている。このような帰る故郷を持たず、地球をさまよう私のための教育の肥大化を、国のための教育、すなわち国家の有用人材として内包したいとの意向を中央教育審議会答申のなかにみることができる。

　教育振興基本計画は先立つ中央教育審議会は「令和の日本型学校教育の構築を目指して」（2021）を具体化するための計画である。複線化する人生の自己満足に向けた「生産性向上等による、活力ある社会の実現に向けて「人への投資」」をすることが重視されている。どうも国民全体を底上げするための国民教育については、文部科学省は構想する力量を持っていないと思われる。このまますすめば、義務制の公立学校で培われた公教育は「忘れられた教育」になってしまう。それではどのような構想と社会的・財政的な制度設計があれば、わたしたちの教育が可能となるのか検討しなければならない。ここでは素描をするにとどめる。

「ない方がまし」と市川

　2008年、第一期教育振興基本計画は、教育基本法改悪のなかで、文部科学省の省令とするのではなく財務省をも規制する政令とすることで、財務省に対

して教育予算を確保する意図のもとに自民党文教委員および民主党、日教組など教育関連23団体は、教育予算に数値目標を入れるべく取り組んだ。対して財政制度等審議会は「教育予算の対GDP比の議論は意味がない」、「教職員定数の削減は確実に実施すべき」とニベモナイ答申をだし、数値目標のない計画が閣議決定された。市川昭午は、数値目標のない計画はない方がましとまで断罪していた[36]。

　教育振興基本計画は、これまで財政的な数値目標がない項目の羅列である[37]。財政措置はつかないのに達成目標はのしかかる。安倍元首相の提唱した「戦後レジームの清算」は完了し、対米軍・政・経の従属を加速させつつ経済大国の終了を迎えた。そして第4期教育振興基本計画で、豊かな階層の子どもたちの100年人生が「持続可能のための」人的投資論がつづく。いまこそ必要なのは自立した地方教育基本計画、つまりわたしたちの教育のための計画であろう。

　財政審（2023年4月28日）は資料「こどもの教育・保育と経済的支援」で規制緩和推進の実績を示した。国家財政は全体的に負担金・補助金をばらまく余裕はなく、教育はとくに都市中産階級の歓心を買うため―政権与党、及び新自由主義的政党の集票ターゲットに向けた経済的支援の重点化がめだつ。

　私は2023年段階で5項目の公教育無償等の私案を以下のようにつくった。そのうちのいくつかはすでに実現している。

1、**保育園幼稚園**　保育士等の配置基準の改善
2、**義務教育**　給食・補助教材費等の完全無償
3、**高校**　定数内不合格をなくす。公立の就学支援金を私学並に引上げる。教科書と通学費の無償。
4、**高等教育**　私学助成金を経常費30％まで引上げ。貸与型から給付型奨学金への転換
5、**児童手当**　所得制限を廃止し18歳まで1万5千円以上の給付

子どもたちは数値の塊ではない

　中央教育審議会は『令和の日本型学校教育の構築を目指して』（2021）を答

第4章　学校を地域のランドマークに

申した。新型コロナウイルス感染拡大という未曽有の災害に便乗し、人間教員によって実施されてきた集団的な学校教育からデジタル（機械）化（児童生徒・教職員の個人情報の集中と管理・活用。「統合型校務支援システムの課題と転換」『公教育計画研究13』[38]）による個別最適な学びへの効率化に転換（ハイブリッド化）を図っている。子どもをデータ処理された数値の塊とみなし、成績判定はAI利用。データ化された数値をみて、人をみない（人がみえない）教育をすすめようとしている。農業と同様に「機械化貧乏」を教育行政にもたらす。小規模校では機械導入の費用対効果が上がらない、不採算部門（未使用の教育機器がほこりをかぶる事態さえある）とみなされ学校統廃合のターゲットになっている。津々浦々、山村へき地まで学校をつくってきた先人たちの努力が消し去られている。

　平成大合併・自治体経営の効率化を広域化とIT化・委託・民営化で実現しようとしている。それは国土の多くの地域を荒廃するままに放棄することであった。約25年間で小学校の20％が学校統廃合された。秋田、青森両県では小学校の45％が消滅した[39]。中山間部に広がる無学校地帯に遠隔オンライン教育（広域通信制学校）や階層別私立が進出している。この傾向は、一方で地方に多い小規模大学が経営難に陥っている、他方では民営の広域通信制大学が認可されるまでになっている。階層や地域の相違を超えて誰でもが行ける、リアルな子どもたちの居場所がなくされている。いま教育の名を騙る別物がそこにある。帰るべき故郷を失い、リアルな学び舎が消え、そして居場所はグローバルなデジタル空間に設定されようとしている。人々の居場所は小さなスマホ画面の中にしかないのか。

　公教育（義務教育）を維持するためには、現在の標準学級（12～18）規模を6～12学級へ改善し小さな足でも通える生活圏の小さな学校を維持することが重要と考える。今後の課題は地域立学校の系譜の評価（京都市番組小学校など）と地方自治を維持発展させる財政方策などの制度設計である。

　しかし、現実は〈教授活動のデジタル化＋教員も含めた学校職員の非正規化・外部委託化などの合理化〉という常とう手段が、文部科学省の主導のもと

「働き方・働かせ方改革」（生産性向上運動）として着々と進められている。私立は企業化を目指し、小規模・廃校危機の公立は私立化を目指す。

　「多様な教育ニーズ」の強調はまるで公立学校のコンビニ化である。分離別学でもある「教育機会確保法」体制には厳しい検証が必要だ。多様性の強調は、自分の様相以外の無視にもつながるし、違いを調整しての共同にもつながる。言葉の概念として未熟である。

　時間外労働には時間外手当が当然だ。が、「教職調整額」を2025年度から30年度まで10％、段階的に増額するのが文部科学省の方針である。地域が自前で運営する公教育に転換し、文部科学省（都道府県教委）の指導、報告調査など過剰な連絡調整を省き、時間外労働そのものをなくすことが重要である。学校のコンビニ化は情報システムの構築により、学校で働く者の個人情報の集積と過重労働につながる24時間営業を必然にしてしまうのではないだろうか。

　文部科学省は近代国家形成のための教育（国民教育）を構想する力量がなく、欧米の教育理論・政策を密輸入した作文のような学習指導要領を10年一日のごとく繰り返し作成してきた。公教育の地方自治・民主化のためには、学習指導要領を大綱（弾力）化し、地域が自主的に公教育を具体化する。国は住民主導の公教育の補完的位置（大綱的な調整）にとどまるべきである。三分の一負担に切り下げられ意義を失いつつある義務教育費国庫負担制度の見直しも必要だろう。そのための制度の改善案は、1 公選制の地方教育委員会制度（アメリカの初原的教育委員会）、2 公選制の学校運営協議会（地域主導、児童生徒も参加）、3 任用を問わず多職種学校職員が参加する校内運営会議としての新たな職員会議、の設置が考えられる。校門の前で民主主義が止まっているのは児童生徒だけの問題ではない。

　21世紀になり、それぞれの階層ごとに複線化する人生には、教育の複線化は当然対応している。規制緩和の末に、公教育と私教育の境目はあいまいである。生活を豊かにする普段使いの学びによって全体の底上げを図る「普通教育」は強制的で非効率として嫌われ、結果、階層間移動の手段としての機能さえも縮小し、格差の拡大と階層内再生産を図る（世襲）機能へと変質しつつあ

る。中産階級の分解と二極化は速度をましている。

　階層別私立学校に注目する必要もある。一方に最低限の課程履修さえ疑われる一部の広域通信制学校と、他方で高額授業料と寄付（優遇就学支援制度や私学助成が加わる場合もある）で教育環境を整えるインターナショナルスクール[40]、イエナスクール（佐久穂町にある私立大日向小・中学校、福山市立イエナプラン教育校）、バウチャースクール（大阪市立水都国際中学校・高等学校）などに学校法人に限らず多彩な形態の教育産業（全寮制を含む）も参入している。そこで推進される人間教員と将来を見据えたグローバルな人脈形成を図る仲間づくり。そして自然体験・ネット環境を総合した「探求」学習。ITの要素を除いてみれば、発想は大正新教育主義を受けつぐものといえようか。

　私立志向の特異地帯であった東京都以外にもこのような教育の複線化は広がる。豊かな者はより豊かになる教育政策と財政投資が21世紀で一段と露骨におこなわれている。

　強調されている多様性の言説は格差の拡大した社会でそれぞれの位置（商品価値）に自足を促す言葉ではないか（ウエルビーイング：多様な個人の自己肯定感、多様性は認めるように見えて他者を切り捨てる）。今や自由とは、自覚するとしまいと新自由主義的な自由としての色彩を帯びる。

　2022年の経産省「未来人材ビジョン」で使われた言葉にいう「鍛錬」は、発想がすでに近代以前のそれでしかないことを明らかにしてしまっている。企業等の積極的な参加を得て「探求」する機会を持つハイテク・グローバル人材の「鍛錬」ではなく、互いの息遣いが聞こえる地域で地位や身分を気にせずに自前の経験を踏まえて（データや権威的な言説ではなく）、納得するまで話しあったこと（現代の寄りあい）を尊重する「世均しの教育」に転換することが大切と考える[41]。世均しとは広がる社会的格差を均す社会・教育政策である。

5　わたしたちの学校の礎を

　岸田政権の「異次元の少子化対策」は今風の産めよ増やせよという思想であ

った。言葉だけが独り歩きする「人生100年時代」の複線化する人生にあって、多くの人びとは実質賃金が目減りするなかで死ぬまで働かされ、親世代より豊かな生活が展望できない[42]。

　全国にまんべんなく人がいた江戸時代を強制終了した明治初年は7200万人。戦後のベビーブーマーにより人口爆発が起こり、対米従属の政府の誤政策により経済が凋落すると同時に人口も減少に転じ、後50年（2070年）で1億人を超えている現在から約8700万人（現状の7割）まで減少するとの予測がたてられている（国立社会保障・人口問題研究所推計）。

　歴史を振り返ると、1、人口が少ないから地方が衰えるということではない。2、戦後経済復興と平和な社会が人口爆発をもたらしたこと。3、団塊ジュニアが社会に出るときに、日米経済摩擦に政治的に敗北し、若者たちの社会的な受け皿をつくれずに、結果、家庭を形成するだけの資力をつくりだせずに、少子化に転じたこと。現在、虚栄のまちとでもいうべき・東京のマンションは平均1億円以上。東京のホテルの宿泊代は平均2万円以上である。これをみれば、子育て優遇策もパワーカップル用と考えざるを得ない。

　1974年2月に「毒饅頭」といわれた人確法（学校教育の水準の維持向上のための義務教育諸学校の教育職員の人材確保に関する特別措置法）が公布施行された。現在、再び正規教員に焦点を当てた働き方改革・教職調整額の値上げによって矛盾を糊塗しようとしている。「公立の義務教育諸学校等の教育職員の給与等に関する特別措置法」導入以来の本採用労働者（本採用教員）を焦点とした労働条件の改善ではなく、最低賃金改善1500円以上という全体の底上げを基本として任用や雇用形態の相違する多種多様な学校職員の賃金労働条件の改善を優先させる視点が必要だろう。社会保障制度の改善等、いまを生きる人々の「生き易さ」が重要である。

　日本国憲法では、義務教育は無償と記されたが、当時の財政状況を多大に忖度した最高裁などの法解釈によって台無しにされ、その後もそれを前提とした発想や解釈に甘んじてきた。

　すでに述べたように、公教育有償を前提に就学援助制度など劣等処遇である

第4章　学校を地域のランドマークに

選別的福祉をもって福祉担当者・研究者はやった気になってきた（恩恵的福祉）。就学援助があること自体が教育行財政貧困国の象徴である。普遍的教育福祉に転換することに躊躇してはならない。公立小中学校で学校徴収金のうち大きな比重（小学校では約半分）を占める学校給食費。それを公会計化（財政民主主義）・無償化する十数年の地域からの取り組みの結果、2024年現在、学校給食費無償・一部無償自治体は過半数を超えた。岸田政権「こども未来戦略方針」（2023年6月）では課題の整理を繰り返し、様子をみていた。次の石破首相は2024年11月の所信表明演説で、学校給食費無償に言及した。その具体的な日程は明らかではない。全国状況を把握して整理した課題をもって、強い要請を政府に繰り返す必要がある[43]。

　なお、公教育の無償化を迫った先行的な取り組みに旧民主党政権下で成立した「高校授業料の無償化」がある[44]。しかし、政権が変わると、高校授業料の無償化は私立学校優遇に、すなわち新自由主義的にすり替えられ、市場化され、公立高校の統廃合を加速させる結果となっている。都市中間層の意向を汲みながら、大阪府、東京都がその流れをつくってきた。

　高校授業料の無償化が変質した歴史を学べば、学校給食費無償は単に学校給食費をタダにすることではなく、学校給食の質の改善「地産地消の有機食材を使用し、自校給食で実施する」ための無償化でなくてはならない。営利目的の市場化の引き金とさせない工夫が必要だ。このことは幾度でもいう。

　学校給食費だけではなく補助教材費、修学旅行費まで無償にしている自治体は山梨県早川町など2024年には15自治体に拡大している。家族も含めた山村留学制度も導入している早川町では何を無償にするかも保護者・地域の意向を反映させている。このような地域の子育て環境は首都圏より優れていると考える。

　寄りあい民主主義を胸に抱いて、地域の自治に基づく学校への道を拓こう。21世紀、忘れられた教育の仕組みをとりもどし、学校を地域のランドマークにしよう。

161

注

1 『闘いを記憶する百姓たち』八鍬友広、吉川弘文館、2017年

2 『「江戸の選挙」から民主主義を考える』柿﨑明二、岩波書店、2023年

3 宮本常一著作集10『忘れられた日本人』宮本常一、未来社、1971年（雑誌『民話』第3号からの連載ほか）

4 文部科学省によれば「多くの当事者による「熟慮」と「討議」を重ねながら政策を形成していくこととして5点ばかりのプロセスを踏んだものという概念規定をしている。当事者性や正しい情報は強調されているが、体験に基づく言葉への記述はない。
https://www.mext.go.jp/b_menu/shingi/chukyo/chukyo0/gijiroku/__ics Files/afieldfile/2010/06/23/1294559_9.pdf（2023年10月23日閲覧）

5 「郷土生活の中にある学校」『柳田國男教育論集』柳田國男、新泉社、1983年、（1948年）

6 「日本の子供たち」宮本常一著作集8『日本の子供たち・海をひらいた人びと』宮本常一、未来社、1969年（岩崎書店、1957年）

7 小値賀島西村久之町長インタビュー記事での趣旨、『ながさき自治研　No.91』2024年11月

8 『近代僻地教育の研究』榎本守恵、同成社、1990年（『北海道教育大学僻地教育研究紀要』第3号、1955年）

9 日本経済新聞「長崎県の社会減少率、全国最大　住民基本台帳人口調査」2022年8月9日

10 宮本常一著作集10『忘れられた日本人』宮本常一、未来社、1971年、（雑誌『民話』第3号からの連載ほか）

11 「村落における教育費負担の意味構成」柏木敦、『教育学研究』第66巻第2号、1996年

12 『わが住む村』山川菊栄、三国書房、1943年。（岩波文庫）岩波書店、1983年

13 「戦後教育をどこで超えるのか　80年代教育改革の思想を考える」『季刊クライシス　13』岡村達雄、1982年。岡村の再評価が必要である

14 「日本人が知らない、学校統廃合の現場で起きている「異様すぎる光景」」『現代ビジネス』山下祐介、2020年7月

15 「第3章　公立学校がなくなり、残った学校もスカスカ」『足元からの　学校の安全保障』武波謙三、明石書店、2023年

16 西日本新聞「もう一つの挑戦（2）離島　小さな町の受験生は不利か」2016年2月16日、ほか

17 「日本の子供たち」、宮本常一著作集8『日本の子供たち・海をひらいた人びと』宮本常一、未来社、1969年（岩崎書店、1957年）

18 「島に帰る　第5回同級生」『世界』No. 982、榎本空、2024年6月

19 『日本の美しい小学校』山﨑鯛介他、X-knowledge、2016年

20 『京都学校物語』京都市教育委員会・京都市学校歴史博物館編京都通信社、2006年。『京の学校歴史探訪』京都市学校歴史博物館編集、京都市生涯学習振興財団、1998年。「京都学校記」『教育論集』福沢諭吉、岩波書店、1991年（1872）

21 『長崎県教育史』長崎県教育委員会、1942年。『角川地名大辞典（旧地名）長崎県・郷ノ浦町』角川書店、1978年～1990年

22 『近代日本教育小史』国民教育研究所編、草土文化、1973年。『日本残酷物語5』宮本常一他監修、平凡社、1959～61年。『木崎農民小学校の「非教育」の実践』田中万年、明治大学教育主事課程、2015年

23 「「木崎争議」と教育運動」『教育運動研究　No3』大串隆吉、あゆみ出版、1977年

24 『踏査報告　窮乏の農村』猪俣津南雄、岩波書店、1982年（『改造』1934年7～9月号）

第4章 学校を地域のランドマークに

25「公教育運営の市民自治構想」『公教育改革への提言』中村文夫、八月書館、2011年

26「自治体が拓いた無償の学校給食時代」『月刊自治研 7月号』、中村文夫、2023年

27『学校と社会』デューイ、岩波書店 1957年（原書：1899）

28「「学校と社会」における学習環境設定の理想と現実」『パブリック・エデュケーション・スタディ 第4号』中村文夫、専修大学教育政策研究室、2013年

29「わたしたちの学校のために」『ながさき自治研No. 85』中村文夫、2022年。『「江戸の選挙」から民主主義を考える』柿﨑明二、（岩波ブックレット）、岩波書店、2023年

30『教育分権のすすめ』日渡円、学事出版、2008年。そこに描かれた宮崎県五ヶ瀬町の事例

31『幼児教育の経済学』ジェームス・J・ヘックマン、東洋経済新報社、2015年

32「日本における世代間交流の展開」『社会福祉 第59号』黒岩亮子、2018年。「幼老複合施設における異世代交流の取り組み」『Life Design REPORT 2003.8』北村安樹、第一生命経済研究所、2003年。「幼稚園施設整備指針」文科省、2022年

33「学校の複合化と運営への参加」『とうきょうの自治 No. 61』中村文夫、2006 June

34『「開かれた学校」の計画』長倉康彦、彰国社、1993年

35『村を育てる学力』東井義雄、明治図書、1957年

36『教育基本法改正論争史』市川昭午、教育開発研究所、2009年

37「公教育の計画化と財政」『公教育計画研究 1』中村文夫、2010年

38「統合型校務支援システムの課題と転換」『公教育計画研究 13』中村文夫、2022年

39「第3章 公立学校がなくなり、残った学校もスカスカ」『足元からの 学校の安全保障』武波謙三、明石書店、2023年

40「学ばせたいなら世帯収入4000万円は必要」と、GLI広尾校に通う子の保護者「英名門校の日本校に入るには？ 進学教室に増える相談 相次ぐ開校の背景に中国リスク？」朝日新聞グローブWorld Now、2023年1月26日

41「未来人材ビジョン」経済産業省、2022年

42 2023年2月14日、TV「街角インタビュー」、ある若者はマックが150円に上がり食べない（110円⇒150円⇒170円）。代わりにカップヌードルを道路にしゃがみこんで胃に流し込む。若いサラリーマンはひたすら水を飲んで飢えをまぎらわす。ある老人は10日に1度しか風呂に入らない。臭いので人とも会わない。これも「多様性」。これも「個性」。コンビニ弁当がぜいたくな高齢者では人口減少は止まらない。3月6日の「学習ノートも値上げ、小遣いで買いに来た子どもが買えずに帰る」などのTVニュースが記憶に残る。人口の長期低迷が続いた江戸後期を思い出させる貧困状態である。

43「自治体が拓いた 学校給食の無償時代」『月刊自治研7月号』中村文夫、2023年

44 公教育計画学会第1回大会シンポジウム「公教育の無償化—高校授業料の無償化実現に向けた課題」『公教育計画研究 1』2010年

【参考文献】

『宮本常一著作集』宮本常一、未来社 現在52巻

『宮本常一』畑中章宏、（講談社現代新書）講談社、2023年

『新装版 宮本常一』佐野眞一責任編集、河出書房新社、2024年

終　章

学校給食費無償からの
世均しの教育

学校給食は人々の願いがいっぱい詰まった歴史を持っている。それは日本だけのことではない。学校給食自体を実施すること、学校給食費を無償にすることを、まずは貧しい家庭の子どもから始めて、徐々にそれを誰でもが享受できるまでに、人々が自分たちの力で押し広げてきた歴史である。資本主義の歴史は好景気であろうとなかろうと、働く人々にとっては過酷であり、ともに手を結んでいなければ容易に飢餓状態にまで生活の質が低下する。繰り返される自然災害、戦争等の人災は、とくに禍をもたらす。その都度、働いていない子ども、老人、障害を持つ人々はもっともはやく危機に直面する。危機に対処するには自分だけではなく自分たちの力を集めなくてはならない。攻防の接点は常に変わる。その時々で制度が変わる。歴史や制度を叙述するには、よいことだけをピックアップしても教訓とはなり得ない。成功体験は大切であるが、失敗や限界も明らかにすることが次につなげるための誠実さである。そのことに心がけた。

　お腹を減らしていては学校に行っても勉強に集中できない。学校給食の実施、学校給食費無償の歴史にはそんな当たり前のことが発条となってきた。学校という近代教育が生み出した特異な公共施設では、国のための教育が主眼とされ、それに同化し、競争をへて立身出世をするための私のための教育が重視される。そこでは自分や自分の一族のための教育であるから、自分で教育費用を負担するのは当然という発想がともなう。したがって地位や身分、出生の環境に裏打ちされた格差も能力の一つとみなされる。

　対して地域共同の生活で成り立っている多くの人にとっては、その場所での知恵と技術を伝承していくことが大切である。それはわたしたちの教育である。そこでは学びの場も相互扶助で維持していく。明治以降、津々浦々に学校を自前で建築・維持できたのは地域共同の事業としてあったからである。

　21世紀、過酷な新自由主義が浸透してしまった時代である。そこでは自由とは飢える自由である。給食以外の食事もカップラーメンやファーストフードで胃袋を満たして今日を生き延びている。学校給食の内容も大きな給食施設で集中的に加工した食事が提供されがちである。学校給食の食材が保護者負担で

終　章　学校給食費無償からの世均しの教育

あると、どうしても安価な提供物を願いがちになる。それでよいのだろうか。

　保護者のみが負担するのではなく、地域で互助の精神で学校給食費を支出することで学校給食事業を発展させることが肝要となる。そのような熱意があつまって学校給食費無償の広がりが実現しているのである。それこそが地産地消の有機食材を使った自校給食によって安全安心の学校給食を実現する礎になる。その道筋を公会計化というステップ台をつくることで、時々の状況の要請にこたえる取り組みを実現できた。そして今、全国どこにでも学校給食費無償に向けた詰めの時を迎えている。国がつくった学校給食法の普及奨励法という性格を改正することは国でしかできない。また地方自治を損なわない形での財政的な保障も必要である。子どもの足で通える範囲にある地域の小さな学校で学び、地元でつくられた農畜魚産物が新鮮なうちに届けられる、それを子どもの顔がみえる自校給食で調理する、それは可能なことである。理想郷の話でも夢物語でもない。現に韓国ではそれに向けてすすんでいる。これから来る学校給食の危機は、学校給食の市場化である。それは食料安全保障の呼び水としてやってくると考えている。

　学校給食費の無償は、他の学校徴収金などの税外負担にも波及している。補助教材費、修学旅行をはじめ通学にかかる経費、それは制服やランドセル、学生カバンの無償、一部無償と広がっている。まだ、これらの課題の改善は点である。点が線となり、線が面となる。それをすすめるのは地域自治の精神の発揮である。わたしたちの教育が地域の持続可能性を高める。地域差が出るからと国に要請すれば済むと安直に考えるのは、国のための教育を認める気持ちが強いからであると推察できる。このことを、そこに住む人が考え抜かねば、「消滅自治体」といわれてしまう。地域が滅びて国家が栄えればよしとするのでは、それは国家主義である。

看過される高校の課題

　義務教育は戦後の日本国憲法では無償とすると書かれていた。何が都合悪かったのか、それを知らんふりしてきた人は多い。あまりの新自由主義の蔓延で、

167

教育機会の平等を基本とする義務教育が維持できないところまで追い込まれている。

　高校はどうか。2024年度から東京都、大阪府では独自に就学支援金の所得制限910万円を撤廃した。さらなる私立学校への誘導になる局面に立たされている。公立高校への統廃合がすすんでいる。高校の課題は教育問題でも義務教育や大学等の高等教育に比べて関心が低い。私は2017年に高校の課題を岩手県立高校の分析によって問題点を明らかにしたことがある[1]。深刻さは増している。他方で自主的な取り組みもみられる。

　「バイトに追われ、部活諦め　沖縄の高校生、バス賃月4万円も　公共交通脆弱、家計を圧迫」（琉球新報、2017年3月30日）。普通教育化した高等学校も旧民主党政権によって授業料無償化が実現した。ところが自民党・公明党の連立政権に代わると、それは変質し私立優遇・公立学校の統廃合の引き金となってしまっている。「姫路・旧町部から高校消滅、「過疎化進みそう」と危ぶむ声　兵庫県立高校再編、姫路南と福崎に統合校設置へ」（神戸新聞、2022年11月18日）と報じている。都道府県レベルでの学校教育の運営の放棄が始まっている。都道府県は設置者としてではなく私立学校の監督者へ転換するようにみえる。それは兵庫県だけではない。2023年8月24日の高等学校教育の在り方WG（第9回）「中間まとめ　参考資料集」によれば、公立高等学校の立地が0ないし1の地域の数は1129自治体、その割合は全国で64.8％にも及んでいる。最も設置数の少ない熊本県では0ないし1の地域数は38自治体、84.4％に及んでいる。

　それを止めるのには高等学校等就学支援金制度での私学優遇をなくすことが有効だろう。さらに都道府県立高校から市町村立学校へ設置者を代えることで、地元の高校を維持しようとする地域も現れている。2021年4月、奈良県五條市が設置・運営する「昼間定時制」の高校として西吉野農業高校は新たな出発をしようとしている。旧奈良県立賀名生分校が培ってきた農業へのノウハウを生かそうとしている。このように大都市部ではなくても市町村が自前の高校をもって未来を拓こうとしているケースもある。

　「高校生が再提出した陳情、議会を動かす…「通学費助成」制限撤廃を検討

終　章　学校給食費無償からの世均しの教育

へ」が報じられている。一人の高校生自らが通学費助成の区域の制限を廃止するように、2度にわたって陳情をすることで議会を動かした[2]。2021年のことであった。このように当該の本人が繰り返し意思表示することで事態を変えることができた。また、過疎地だけではなく通学距離が伸びたための負担増となっている現状を打開するためには通学費用の無償・一部無償を実施することも始まっている。教育行財政研究所の武波謙三研究員の調査では、2024年10月には、「高等学校通学定期券補助等」実施自治体高校は全額負担30、一部補助296自治体にも及んでいる。そのうち北海道は全額負担8、一部補助が44である。地方の電車が通学電車になっているケースは多い。

　2024年度からは、東京都、大阪府が就学支援金の910万円の所得制限を撤廃したことによる県を超えた新たな動きが生まれている。近隣県からの私立高校への流れが加速するとみられ、それに対する対抗措置として通学費用の無償、軽減措置が広がっている。神戸市では市在住の高校生で市内高校に通う場合には全額定期代を保障する。茨城県つくば市が、遠距離通学の高校生増加で定期代を一部補助する。具体的には補助の対象は、鉄道や路線バス、スクールバス、コミュニティーバスで通学する市内在住の高校生のうち、年間の定期代が10万円以上かかっている人に年間3万円を負担する。自転車などで遠距離通学（片道6～10キロ以上）している高校生にも年間1万円を支給する[3]。また、神奈川県湯河原町は2023年9月の成立した補正予算で年間一律2万円の補助をする。同県箱根町は1969年からバス通学定期代年間4万円を、送迎のための自家用車の燃料費の一部にも拡大する。

　また、義務制と違って勉学の中心となる主たる教材である教科書がいまだ有償である。これを無償にすることも検討すべきと考えている。さらになぜ高校には夜間高校などごく一部だけでしか学校給食が実施されず、そして無償ではないのか。アメリカも韓国も、学校給食について高校で判断が違うことはない。最後に高校生への奨学金制度の改善である。「高校生等奨学給付金」制度自体を知らない高校生もいる。学業に専念するには生活費も必要である。バイト漬けでは勉強に集中できない。

169

大学等ではどうだろうか。「学力足りても学費足りず…進学悩む子供たち」（日本テレビ、2016年11月23日）。高等教育では、主要な課題は3つである。1つに学校運営費交付金や私立大学への助成金の増額である。2つに給付型奨学金制度を基本とすることである。給付金を自治体が保障する動きも出ている。たとえば「所得制限も返済義務もない奨学金、品川区が創設へ…区内の大学生対象に授業料相当で検討」（読売新聞2024年10月26日）。3つに学ぶ場は高等教育機関だけではない。それをどのように保障するのかを同時に抱え込んだアプローチが求められる。

理想だけの箇条書きを並べるのは止めよう。他の自治体や他の国を参考にして、すぐに始められることからの一歩一歩のあゆみで、公教育の教育機会平等の徹底をはかり、教育だけでも世ならし、つまり誰にでも開かれていることを実現したい。そしてそれは世代を継いだ社会の世均しへの第一歩になる可能性が高い。

20世紀は成長のゆがみを是正する就学援助などの選別主義の福祉政策が主に求められた。総貧困化の21世紀にあっては学校給食費無償を手始めとする公教育の無償がすべての基礎になる。普遍主義の教育福祉政策への転換によって、世均しがはじまる。

注

1　『子どもの貧困と教育の無償化』第3章
2　読売新聞「高校生が再提出した陳情、議会を動かす…「通学費助成」制限撤廃を検討へ」2021年12月21日。
3　朝日新聞社「つくば市、遠距離通学の高校生増加で定期代を一部補助」2024年3月13日。東京新聞「高校通学補助　箱根町、マイカー送迎にも拡大24年度から、燃料費支援」2024年2月20日。

【後記】

今回も貴重なアドバイスやデータ作成、文章の点検など、盟友武波謙三に多大なお世話になった。また、現場の情報、新たな視点などをたくさん教えていただいた友人知人には、書籍として仕上げることで幾分かの恩返しができたのではないだろうか。また、明石書店の神野斉さんには緊急出版のために多大なご迷惑をおかけした。

【著者紹介】

中村文夫（なかむら・ふみお）

教育行財政研究所主宰。近年の著作に、『学校財政』（学事出版、2013年）、『子どもの貧困と公教育』（明石書店、2016年）、『子どもの貧困と教育の無償化』（明石書店、2017年）、『アフター・コロナの学校の条件』（岩波書店、2021年）、『足元からの　学校の安全保障』（共著、明石書店、2023年）など。

学校給食費無償と教育の未来
――食の安全・地域共同・世均しの教育

2025年3月10日　初版第1刷発行

著　者	中 村 文 夫
発行者	大 江 道 雅
発行所	株式会社 明石書店

〒 101-0021　東京都千代田区外神田 6-9-5
電　話　03（5818）1171
Ｆ Ａ Ｘ　03（5818）1174
振　替　00100-7-24505
https://www.akashi.co.jp/

組版	朝日メディアインターナショナル株式会社
装丁	明石書店デザイン室
印刷	株式会社文化カラー印刷
製本	協栄製本株式会社

（定価はカバーに表示してあります）　　　　　ISBN978-4-7503-5901-4

JCOPY〈出版者著作権管理機構　委託出版物〉
本書の無断複製は著作権法上での例外を除き禁じられています。複製される場合は、そのつど事前に、出版者著作権管理機構（電話 03-5244-5088、FAX 03-5244-5089、e-mail: info@jcopy.or.jp）の許諾を得てください。

子どもの貧困と公教育

義務教育無償化・教育機会の平等に向けて

中村文夫 [著]

◎A5判／並製／240頁　◎2,800円

新自由主義的な日本の教育再編のなか、「子どもの貧困」「学校統廃合」「学校職員の非正規化」が深刻な問題となっている。本書は、これら三つの課題に対して、教育行財政からのアプローチを試み、普遍主義の立場から教育福祉を構築していくことを模索する。

《内容構成》

はじめに──子どもの貧困、学校統廃合、学校職員の非正規化

1 子どもの貧困の現状と課題
子どもの貧困率16.3％という現実／現行の選別主義的施策／戦後の子どもの貧困対策と就学督励

2 戦後公教育体制の解体と3つの課題
安倍政権による戦後公教育の解体／子ども、地域、学校

3 新たな選別主義的施策
「学歴・学力保障」に向かう選別主義施策／「学歴・学力保障」政策の具体的な展開／足立区「2015年子どもの貧困対策元年」／イギリスの拡張学校の事例

4 普遍主義の進展・義務教育の無償化
学校財政の脆弱性／義務教育の無償化への展望／高校授業料の無償化

5 学校統廃合
学校設置と統廃合の戦後史／文科省の路線転換／地方創生と学校の統廃合／都市部における学校統廃合／脱統廃合

6 学校職員の非正規化と外部化
学校職員構成の変容／教員の多忙化の現実と理由／学校スタッフ職の非正規、官製ワーキングプア化／21世紀ピラミッド型学校職員雇用／公設民営学校と教育バウチャー

おわりに──公教育の再生、展望と課題

付録 増補改訂版 学校給食費の公会計化を目指す人のためのQ＆A
──法令遵守の徹底から無償化を展望します

〈価格は本体価格です〉

子どもの貧困と
教育の無償化
学校現場の実態と財源問題

中村文夫 [著]

◎A5判／並製／200頁　◎2,700円

先進諸国の中でもきわめて高い教育費負担が課される日本だが、政府
の側においてもその軽減に向けた議論が活発化している。教育財政に
長年関与してきた著者が、子どもの貧困問題の解決と公教育の無償化
への道筋を具体的なデータをもとに論じる。

《内容構成》

1 はじめに──扉を開くと、不都合な真実が現れる
公教育を支えてきた私的負担／少子化の課題／子どもの貧困の課題／
グローバル化の課題／公私負担の境界と課題

2 無償化に向けた諸課題
「集金袋」の思想／学校給食費の公会計化／学校給食費の無償化──滑川
町の事例／PTA会費問題に見る学校財政の脆弱性／学校徴収金にPTAが
関わる実態／就学援助制度──東京都の事例／入学時の物入り

3 幼小中学校から大学まで公教育の無償化
資質・能力に応じた学歴学力保障／義務教育の無償化・子どもの貧困化
／高校生の貧困と授業料無償化／高校における保護者負担──岩手県立
学校の事例／大学等の再編成と奨学金

4 市場化・民営化のなかの教育費
英米の教育市場化の実態／教員の多忙化の底にあるもの／教育政策と教
育費無償化

5 まとめにかえて──学校から始める普遍主義の子どもの貧困対策
学校徴収金の諸問題の解決策／就学前から高等教育までの無償化／教育
機会の平等への新機軸

《価格は本体価格です》

足元からの
学校の安全保障
無償化・学校環境・学力・インクルーシブ教育

中村文夫 [編著]

◎四六判／並製／208頁　◎2,500円

教育費・安全な環境・学力保障・インクルーシブ教育など、現在の日本の学校が抱える様々な問題に対して、アマルティア・センや国連が提唱する「人間の安全保障」の考え方を援用し、あるべき「学校の安全保障」について、各分野の専門家たちが論ずる。

《内容構成》

はじめに──足元からの学校の安全保障　　　　　　　　　　　　[中村文夫]

第1章　いじめの重大事態対応を例に　　　　　　　　　　　　[住友剛]
　　　　「学校の危機対応」を問い直す
　　　　──「子どもたちの安全・安心の確保」の実現という視点から

第2章　「安心・安全」とインクルーシブ教育　　　　　　　　[一木玲子]
　　　　──インクルーシブ教育へのロードマップ（私案）

第3章　公立学校がなくなり、残った学校もスカスカ　　[武波謙三]

第4章　学校給食の安全保障　　　　　　　　　　　　　　　　[中村文夫]

第5章　デジタル教育という危機　　　　　　　　　　　　　　[中村文夫]

第6章　「学力の向上」は子どもの安全を保障するのか
　　　　──岩井春子の「一緒に考える場をもつ」教育実践に着目して
　　　　　　　　　　　　　　　　　　　　　　　　　　　　　[佐藤雄哉]

第7章　子どもも教員も安心して授業に臨めるか　　[池田賢市]

まとめにかえて──学校の安全保障は地域の力で　　　　　　[中村文夫]

〈価格は本体価格です〉